中级吟诵61篇

ZHONGJI　　YINSONG　　61　　PIAN

华　锋　主编

中原出版传媒集团
大地传媒

大象出版社
·郑州·

图书在版编目(CIP)数据

中级吟诵 61 篇/华锋主编.— 郑州：大象出版社，
2017.12

ISBN 978-7-5347-8977-9

Ⅰ.①中… Ⅱ.①华… Ⅲ.①古典诗歌—中国—中学—教学参考资料②文言文—中学—教学参考资料 Ⅳ.①G634.303

中国版本图书馆 CIP 数据核字(2016)第 199392 号

中级吟诵 61 篇
ZHONGJI YINSONG 61 PIAN
华　锋　主编

出 版 人	王刘纯
责任编辑	袁俊红
责任校对	安德华　张迎娟
封面设计	王晶晶

出版发行	大象出版社(郑州市开元路 16 号　邮政编码 450044)
	发行科　0371-63863551　总编室　0371-65597936
网　　址	www.daxiang.cn
印　　刷	新乡市电科印务有限公司
经　　销	各地新华书店经销
开　　本	787mm×1092mm　1/16
印　　张	16.5
字　　数	211 千字
版　　次	2017 年 12 月第 1 版　2017 年 12 月第 1 次印刷
定　　价	45.00 元(含光盘)

若发现印、装质量问题，影响阅读，请与承印厂联系调换。
印厂地址　新乡市荣校路 195 号
邮政编码　453003　电话　0373-3713559　3712457

前言

吟诵是我国传统的、按照一定节奏和韵律等音乐手段来表现诗文情思、意境的读书方法，至今已有两千多年的历史。在大力提倡继承弘扬优秀传统文化的今天，我们有必要重新审视这种传统读书方式的意义与价值。因此，我们在编辑《基础吟诵75首》之后，又编辑了《中级吟诵61篇》，继续为吟诵做最基础的普及工作。书中所选61篇古诗文，是教育部规定的中学生必背的古典诗文，以此为内容，有助于中学生学习吟诵，同样也适用于其他初学吟诵者。

一、学习吟诵的当代意义

学习、欣赏诗文只有用像唱一样的吟诵，才能准确地体悟诗文。华锺彦先生说：吟诵与朗诵的不同点在于，朗诵时读完了就完了，吟诵时可以通过长吟把自己的情感抒发出来，听众通过吟者的长吟也能体会出诗词的情韵。

古代诗词都是"吟"出来的，诗词的修改也离不开吟诵。现代人学作古诗词，一个头疼的问题就是掌握不好平仄，原因是现代人大多不会吟诵。吟诵的依据是平仄，作诗填词就要通过吟诵调整平仄，所以学会吟诵，平仄就不是问题。李白的"吟诗作赋北窗里"、杜甫的"新诗改罢自长吟"就是明证。

再者,吟诵能培养青少年儒雅的风范。今天我们吟诵的内容都是经典诗文,朝夕吟诵,反复涵咏,就是对心灵的滋养。典雅的内容,舒缓的节奏,悦耳的曲调,久而久之,自然能培养人稳重儒雅的气质。同时,吟诵也是文化传承的基本方式。起源于西周初期的礼乐文化,在漫长的历史中,逐渐凝结成中华民族的精神基质。吟诵与礼乐密不可分,礼乐的传承依托于基本的吟诵。吟诵这种如春风化雨、陶情怡性、培养君子人格的方式,正是传统儒家"诗教"的精髓。

二、《中级吟诵61篇》内容简介

《中级吟诵61篇》的内容比《基础吟诵75首》丰富、复杂得多,吟诵难度也增加很多。就诗歌来说,《诗经》、乐府诗、歌行体、格律诗、词、曲都有,可以说我国古代韵文除了楚辞,各类体裁的韵文都有入选。《中级吟诵61篇》中的21篇散文,更增加了吟诵的难度。《文心雕龙》说:"无韵者'笔'也,有韵者'文'也。"但从吟诵的角度看,文也分为有韵的文和无韵的文。有韵的文包括文赋、骈赋、骈文、诔文、祭文等,无韵的文包括诸子散文、纪传体散文、叙事体散文以及序跋、表奏、书札等,《中级吟诵61篇》中这两类文都有。可以说,学会了《中级吟诵61篇》中诗文的吟诵,就基本上掌握了古典诗文的吟诵方法。

三、吟诵的几点原则

1.平长仄短

古代的汉字读音有平、上、去、入四声,我们今天吟诵古诗文,必须遵守古代的四声。吟诵时,平声字可以长吟,仄声字不宜长吟,入声字音更短,简称"平长仄短"。古代的平、上、去、入四声与今天的阴平、阳平、上声、去声不同。古代的入声后来分到平声、上声、去声之中了,一般的说法叫"入派三声"。为了帮助学习者吟诵,我们在诗词中每个字的下面标有平仄,入声字改用红色以示区别。文的字数较多的,没有在字下面标平仄。

2.注意诗词的吟诵节奏

吟诵诗歌时,除押韵的地方必须长吟外,一般每一句都要有一处停顿,我们称这个停顿处为节奏点。这个节奏点一般都是在平声字处。不同体裁诗歌的节奏点是不同的,四言诗的节奏点一般都在第二、三两个字之间,五言、七言古诗节奏点不是很有规律,但节奏点一般是在平声字处。吟诵长篇的乐府诗、古体诗时,除遵循平长仄短的原则之外,曲调一般都是四句一个反复,个别的情况下可以将最后两句的曲调重复一遍。格律诗的节奏点最有规律。格律诗有五言、七言两类,每一类又可以分为绝句和律诗两类,每类又可以分为平起和仄起两类,这样格律诗就可以分为五言平起绝句、五言平起律诗、五言仄起绝句、五言仄起律诗、七言平起绝句、七言平起律诗、七言仄起绝句、七言仄起律诗八种。判断是平起还是仄起的标准一般是看每首诗第一句的第二个字,第二个字是平声的一般就是平起,是仄声的就是仄起。这里的平、仄声是古人的标准,不是现代汉语的标准。标准的格律诗,无论是绝句还是律诗,只要是平起的,首句的节奏点一定在第二个字上,次句的节奏点一定在第四个字上,第三句的节奏点一定在第四个字上,第四句的节奏点一定在第二个字上,简称"二四四二"。律诗再按此重复一遍即可。标准的格律诗,无论是绝句还是律诗,只要是仄起的,首句的节奏点一定在第四个字上,次句的节奏点一定在第二个字上,第三句的节奏点一定在第二个字上,第四句的节奏点一定在第四个字上,简称"四二二四"。律诗再按此重复一遍即可。词是由格律诗发展而来的,所以词的吟诵受格律诗的影响很大,虽然比较复杂,但还是有规律可循的。

3.文的吟诵特点

文的吟诵不像诗歌那样有规律可循,我们不能把吟诵一篇散文的曲调用于吟诵另一篇散文,即使是同一作者的文章也不能用同一曲调吟诵。但这并不是说散文吟诵的难度一定比韵文吟诵的难度大,相反,由于韵文吟诵讲究优美,散文吟诵讲究流畅,所以只要掌握散文吟诵的规律,就会感觉散文的吟诵更为简单易学。散文吟诵也讲究平长仄短、依字行腔,遇到虚词要适当长吟;特别要注意的是,散文吟诵非常注重通过语速的变化、语调的高低升降和加重关键字的长吟使其更为流畅。总之,所选21篇散文是吟诵的一个难题,应该给予适当的重视。

4.要把握诗文的情感基调

优秀的古典诗文都是有感而发,情感是诗文的灵魂,前人说吟诵应该做到声情并茂,就是要体现出用声传情的诗词吟诵特点。例如我们非常熟悉的王昌龄的《出塞》与杜牧的《清明》,都是七言平起绝句,但是两首诗的情感基调完全不同,吟诵时情感的把握就完全不同。客观地说,吟诵的过程,就是学习、欣赏、把握诗篇情思的过程。吟诵散文时也是如此,只有对作者及文章的写作背景、思想内容有深刻的了解,才能把握住文章的感情脉络,才能准确、流畅、有声有色地吟诵出来。

四、学习吟诵应该注意的几个问题

吟诵作为我国传统的读书方法,过去都是父子、师生之间面对面地传授。"五四"之后,由于种种原因,这种传习方式日渐式微。现在我们重新提倡学习吟诵,必须注意以下几个问题。

1.初学吟诵,要有耐心

吟诵已失传多年,恍如隔代,而且吟诵的节奏比较缓慢,今天青少年大都喜欢节奏快的流行曲调,所以要耐心学习,逐渐养成吟诵的习惯。

2.学习吟诵,入门要正

学习吟诵,从一开始就要按照传统的方式去吟诵。吟诵自古以来都是口耳相传的。虽然在这种传承过程中有些变化,但基本曲调、基本规则必须恪守。作为读书方法,吟诵适用于所有的古诗文,这就是吟诵的魅力所在。学会吟诵李白的《赠汪伦》,也就会吟诵李白的《望庐山瀑布》以及所有的七言仄起绝句;会吟诵王昌龄的《出塞》,就会吟诵李白的《早发白帝城》以及所有的七言平起绝句。在没有完全掌握吟诵规律时就想着要自度新曲或以唱代吟,是不合适的。

3.学习吟诵,宜先易后难

现存古代诗词,形式最为统一、吟诵规则最为规范的就是格律诗,所以我们学习吟诵时应该从格律诗开始,格律诗应该从五言绝句和五言律诗开始,然后是七言绝句和七言律诗,再是古诗、乐府诗和词曲,在基本掌握诗歌吟诵规律之后,可以学习文的吟诵。学习吟诵不能急躁,应从规范的格律诗入手,先易后难,逐步提高。

4.学习吟诵,最好使用普通话

在吟诵界有人认为,方言吟诵是最正宗的吟诵,从而抵制普通话吟诵,这是不对的。提倡普通话是我们的国策,我们倡导吟诵是为了弘扬传统文化,所以我们的吟诵必须向普通话吟诵靠拢。华锺彦先生在三十多年前就提倡"一般都用普通话吟咏",今天我们更应该提倡使用普通话吟诵。

说 明

1.本书前40篇分为古诗词原文和正文两部分。原文包含带有注释符号的原文和按照平水韵标注的原文两种。正文一般包括作者介绍、注释、导读和吟诵提示等内容。后21篇散文因文字较多或分节讲述，故不再标注平水韵及平仄符号。

2.为方便读者吟诵，每首诗词都标注有平仄符号:红色字为入声字，○为平声字，●为仄声字，△为平声韵，▲为仄声韵，/为节奏点。

3.诗词的吟诵是按平水韵标注平仄符号的，古今读音不同的，在吟诵提示里注明。

4.古体诗、近体诗和词曲的用韵均有所不同，所以并没有标明韵部，以免引起混乱。

5.凡是结构相同、意境相近的，可用同一个吟诵调来吟诵，也就是"一调多诗""一调多词"。以此类推，举一反三。

6.在遵循吟诵基本规则的基础上，同一首诗词可以用不同的吟诵调来吟诵，也就是"一诗多调""一词多调"。本书所附录音，只是众多吟诵调之一。

7.诗词字句因版本不同而有异文，本书以择善为取舍标准。

目录

1. 关雎 …… 1
2. 蒹葭 …… 5
3. 十五从军征 …… 10
4. 观沧海 …… 14
5. 饮酒 …… 18
6. 木兰辞 …… 22
7. 送杜少府之任蜀州 …… 29
8. 登幽州台歌 …… 32
9. 次北固山下 …… 35
10. 使至塞上 …… 39
11. 闻王昌龄左迁龙标遥有此寄 …… 43
12. 行路难（其一）…… 46
13. 黄鹤楼 …… 50
14. 望岳 …… 54
15. 春望 …… 58
16. 茅屋为秋风所破歌 …… 62

17 白雪歌送武判官归京 …………… 67

18 酬乐天扬州初逢席上见赠 …… 71

19 卖炭翁 ………………………… 75

20 钱塘湖春行 …………………… 79

21 雁门太守行 …………………… 83

22 赤壁 …………………………… 87

23 泊秦淮 ………………………… 90

24 夜雨寄北 ……………………… 93

25 无题 …………………………… 96

26 相见欢·无言独上西楼 ……… 100

27 渔家傲·秋思 ………………… 104

28 浣溪沙·一曲新词酒一杯 …… 109

29 登飞来峰 ……………………… 112

30 江城子·密州出猎 …………… 115

31 水调歌头·明月几时有 ……… 119

32 渔家傲·天接云涛连晓雾 …… 123

33 游山西村 ……………………… 127

34 南乡子·登京口北固亭有怀
………………………………… 130

35 破阵子·为陈同甫赋壮词以寄之
………………………………… 134

36 过零丁洋 ……………………… 138

37 天净沙·秋思 ………………… 141

38 山坡羊·潼关怀古 …………… 144

39 己亥杂诗 ……………………… 147

40	满江红·小住京华	150
41	《论语》十二则	154
42	曹刿论战	165
43	《孟子》三则	171
44	逍遥游（节选）	179
45	虽有佳肴	182
46	伯牙善鼓琴	184
47	邹忌讽齐王纳谏	187
48	出师表	192
49	桃花源记	200
50	答谢中书书	205
51	三峡	208
52	马说	212
53	陋室铭	215
54	小石潭记	218
55	岳阳楼记	222
56	醉翁亭记	227
57	爱莲说	232
58	记承天寺夜游	235
59	送东阳马生序（节选）	237
60	湖心亭看雪	242
61	河中石兽	246
	后记	250

1 关雎

《诗经·周南》

关关雎鸠[1]，在河之洲[2]。
窈窕[3]淑女，君子好逑[4]。

参差荇菜[5]，左右流[6]之。
窈窕淑女，寤寐求之。
求之不得，寤寐思服[7]。
悠哉悠哉，辗转反侧。

参差荇菜，左右采之。
窈窕淑女，琴瑟友之[8]。
参差荇菜，左右芼[9]之。
窈窕淑女，钟鼓乐之[10]。

注释

[1] 关关雎鸠(jū jiū)：雎鸠鸟不停地鸣叫。关关，拟声词，鸟鸣声。雎鸠，一种水鸟，一般认为是鱼鹰。据说这种鸟雌雄有固定的配偶，有贞鸟之称。

[2] 河：黄河。洲：水中陆地。

[3]窈窕(yǎo tiǎo)：文静美好的样子。

[4]好(hǎo)逑：好的配偶。

[5]荇(xìng)菜：一种可食的水生植物。

[6]流：摘取。

[7]思服：思念。服，想。

[8]琴瑟友之：弹琴鼓瑟表示友好。友，动词，表示亲近友好。

[9]芼(mào)：挑选。

[10]钟鼓乐(lè)之：敲钟击鼓使她快乐。乐，使动用法，使……快乐。

导读

《诗经》是我国第一部诗歌总集，本诗是"风"之始，亦是《诗经》的第一篇，古人将其冠于三百篇之首，可见对其重视程度与评价之高。诗中叙写一位贵族青年热恋上一个采集荇菜的勤劳美丽的女子，并大胆坦露思慕之情，述说自己因"求之不得"而"寤寐思服""辗转反侧"的痛苦煎熬，运用赋、比、兴的手法，情感真挚而热烈。

全诗分为三章。第一章共四句，以青年男子在黄河绿洲之上听到一对雎鸠鸟的鸣叫声起兴，联想到自己热恋的好姑娘。后两章以赋的手法铺开，直陈男子为追求自己的爱情，主动取悦姑娘的过程。第二章共八句，着重描写男子"求之不得"的困苦彷徨。"参差""窈窕""辗转"等双声叠韵词的运用不仅听来婉转悠扬，而且能让读者从声音中感受到情感的曲折变化。正如古人所言："叠韵如两玉相扣，取其铿锵；双声如贯珠相联，取其宛转。"第三章也是八句，进一步描写男子努力争取的坚定执着与美好愿望。联章叠句的创作手法，为我们呈现了一幅动态的诗意画面。男子耐心地追随姑娘采摘荇菜，娓娓诉说着自己的相思之苦，信誓旦旦："如若能得到你这样的好姑娘，必定善待你，每天都用最美妙的乐曲愉悦你，你我二人琴瑟和鸣，夫复何求！"情感表达热烈奔放，对后世爱情、婚姻诗歌影响深远。

关 雎

《诗经·周南》

关关雎鸠，在河之洲。
窈窕淑女，君子好逑。

参差荇菜，左右流之。
窈窕淑女，寤寐求之。
求之不得，寤寐思服。
悠哉悠哉，辗转反侧。

参差荇菜，左右采之。
窈窕淑女，琴瑟友之。
参差荇菜，左右芼之。
窈窕淑女，钟鼓乐之。

吟诵提示

《诗经》中的作品是经过加工润色的,即使"国风"中的许多民歌,也并非原生态,而是注入了周王室贵族的生活内容和感情色彩。因此,吟诵《诗经》的基本规律是一定要把节奏放舒缓,端庄大气、中正平和。由于当时尚无四声之说,故《诗经》的吟诵不受格律诗"平长仄短"的约束。"诗三百"中多是四言诗,每句节奏点应在第二、三字中间,即两字一顿,单一鲜明。

《关雎》描写的是一位贵族青年男子的爱情,因此要"哀而不伤,乐而不淫",周正端庄。全诗吟诵基本调是四句一个反复,音调适中,语速中等,韵字长吟。"关关雎鸠"四句不疾不徐,含蓄地道出男子的爱慕之情。"关关"是联绵词,"窈窕"是叠韵词。吟诵规则中要求,联绵词、双声叠韵词的第一个字读时可适当考虑平仄,但第二个字无须考虑平仄,一律长吟,"关""窕"又在节奏点上,更应长吟,且相对于第一个字语音要适当响亮一些,以显示节奏的轻重缓急、抑扬顿挫。"参差荇菜,左右流之"引领的八句是基本调的两遍反复,"寤寐"加重语气,"辗转"遵循双声叠韵的吟诵规律,表现出男子"求之不得"的煎熬。"参差荇菜,左右采之"引领的八句亦是基本调的两遍反复。由于重章叠句的运用,"友""乐"二字加重语气,一为显示与前章用字的不同,二为区别感情色彩的变化。此一章写青年取悦意中人,他的美好愿望令人感到喜悦,故音调较之前章应有所上扬,从凝重、痛苦逐渐过渡到轻松、欢快。

需要说明的是,章与章之间的吟诵基本调虽大体相似,但并不是整齐划一、绝对一致的。正所谓"大框架,小变化",声音应随作品的感情起伏对基本调作具体、细微的变动,才能显现出吟诵作为读书方法既有规律性又具可塑性的优点。此外,《诗经》的押韵属于上古音韵系统,和我们现在使用的音韵系统距离比较远,为了不给初学《诗经》的吟诵者造成认识上的混乱,我们一律按今音注。

2 蒹葭

《诗经·秦风》

蒹葭苍苍[1],白露为霜。
所谓伊人[2],在水一方[3]。
溯洄从之[4],道阻[5]且长。
溯游[6]从之,宛[7]在水中央。

蒹葭萋萋[8],白露未晞[9]。
所谓伊人,在水之湄[10]。
溯洄从之,道阻且跻[11]。
溯游从之,宛在水中坻[12]。

蒹葭采采[13],白露未已。
所谓伊人,在水之涘[14]。
溯洄从之,道阻且右[15]。
溯游从之,宛在水中沚[16]。

注释

[1] 蒹葭(jiān jiā):芦荻。苍苍:茂盛的样子。
[2] 伊人:那个人,指诗人追寻之人。
[3] 在水一方:在水的另一边,指对岸。
[4] 溯洄(sù huí)从之:逆流而上寻求她。溯洄,逆着弯曲的水道。从,追、寻求。
[5] 阻:艰险。
[6] 溯游:顺流而下。
[7] 宛:好像。
[8] 萋萋:植物茂盛的样子。
[9] 晞(xī):晒干。
[10] 湄:水边。
[11] 跻(jī):登高,升。此处指山势陡峭难以攀登。
[12] 坻(chí):水中高地。
[13] 采采:茂盛的样子。
[14] 涘(sì):水边。
[15] 右:迂回弯曲。
[16] 沚(zhǐ):水中的小洲。

导读

本诗是《诗经》"秦风"中的一首爱情诗,抒发了因意中人可望而不可即而产生的抑郁心情。

全诗分三章,各八句。每章前两句写景起兴,点出时令的变化;后六句以赋法铺陈其事,通过地点的迁移,描写自己对意中人的执着追求。重章叠句的运用在这首诗歌中发挥得淋漓尽致,章与章之间只简单变换几个字，便形象地描绘出了时节与地点的变化，既体现了诗歌吟诵的音乐特色，增强韵律感，又使情感的表达随着时间的推移和地点的变换而愈加浓烈。蒹葭"苍苍""萋萋""采采"，白露"为霜""未晞""未已"，深秋的清冷映照出内心的寂寞；"方""湄""涘"的移动，"长""跻""右"的曲折，描绘出与伊人相会的困难重重，欲求佳人的心急如焚；而伊人于"水中央""水中坻""水中沚"的游移不定则反衬出诗人对爱慕之人的坚贞与追求的锲而不舍。

全篇虚实相生，回环复沓，寓情于景，含蓄蕴藉，开悲秋之先河，对后世影响更超过其思想内容本身。

蒹 葭

《诗经·秦风》

蒹葭苍苍，白露为霜。
所谓伊人，在水一方。
溯洄从之，道阻且长。
溯游从之，宛在水中央。

蒹葭萋萋，白露未晞。
所谓伊人，在水之湄。

溯洄从之，道阻且跻。
● ○ ○ ● ● △
溯游从之，宛在水中坻。
● ○ ○ ● ● ○ △

蒹葭采采，白露未已。
○ ● ▲ ● ● ▲
所谓伊人，在水之涘。
● ● ○ ● ○ ▲
溯洄从之，道阻且右。
● ○ ○ ● ● ▲
溯游从之，宛在水中沚。
● ○ ○ ● ● ○ ▲

吟诵提示

全诗三章，重章叠句贯穿始终，吟诵时应着重注意情感的起伏变化。四言为主，节奏要求两字一顿，每章最后一句是五字，节奏点放在第四、五两字之间。基本调为四句一反复，语气舒缓，感情色彩虽有变化，但不跌宕，仍要保持中正平和。

三章起首句均采用双声、联绵词，依据双声叠韵、联绵词第二个字要长吟的规则，又兼节奏点和韵字的作用，因此，每章起调中平，语速一定要放慢。"霜""晞""已"，"方""湄""涘"，"长""跻""右"，"央""坻""沚"等字是三章中相同位置的不同之处，体现了时间、地点的迁移，且承担着韵字的作用，因此要长吟以示强调。需要注意的是，对于重章叠句的吟诵，不仅要处理好变字的音韵、节奏，更要准确把握这些变字所传递情感的微妙变化。本诗感叹青年与其追求的恋人由于各种原因而终不能走到一起，自己的单相思不过是水中月、镜中花，注定的失败使诗人的希望随着时间的流逝和地点的变换逐渐破灭，情绪越来越低沉，感情的曲线逐渐下移。因此，在吟诵这些变字时,音调要渐渐下沉。尤其是最后一章,由前两章的平声韵转为仄声韵,声调自然更为沉重。清代沈德潜曾说:"诗中韵脚,如大厦之有柱石,此处不牢,倾折立见。"可见韵脚吟得好,整首诗的吟诵便成功了一半。

3 十五从军征

汉乐府

十五从军征,八十始[1]得归。
道逢乡里人:家中有阿[2]谁?
遥看是君家,松柏冢累累[3]。
兔从狗窦[4]入,雉[5]从梁上飞。
中庭生旅谷[6],井上生旅葵。
舂谷持作饭[7],采葵持作羹[8]。
羹饭一时[9]熟,不知贻[10]阿谁?
出门东向看,泪落沾我衣。

注释

[1]始:才。
[2]阿(ē):语气词,无实义。
[3]冢(zhǒng):坟墓。累累(lěi lěi):与"垒垒"通,连续不断的样子。
[4]狗窦(dòu):给狗出入的墙洞。窦,洞穴。
[5]雉(zhì):野鸡。
[6]中庭:屋前的院子。旅:旅生,植物未经播种而野生。
[7]舂(chōng):把东西放在石臼或乳钵里用杵撞击,使去皮壳或捣碎。持:用。

[8]羹(gēng):用菜叶做的糊状的汤。

[9]一时:一会儿就。

[10]贻(yí):送,赠送。

导读

乐府,本义指掌管音乐的机关,其搜集演唱的诗歌称为乐府诗。在我国古代,虽然自秦代开始朝廷已设立管理音乐的官署,但并未建立健全的采集民间歌谣制度,多演唱前代流传的旧曲。乐府职能在汉武帝时进一步强化,除组织文人创作朝廷所用诗歌外,还广泛搜集各地歌谣,"采诗夜诵"。因此,真正意义上的乐府诗歌是从汉代开始的。宋郭茂倩编《乐府诗集》,把汉至唐的乐府诗搜集整理,分为十二类。汉乐府成为继《诗经》、楚辞后中国古代诗歌新的范本。

乐府诗重在叙事,本诗亦不例外。全篇通过叙写一位年届八十的退伍老兵的三个生活剪影——返途中与乡人对话,回家后烧饭做羹,饭菜熟后独自进餐、难以下咽,反映了不合理的兵役制度下百姓生活的悲苦。起笔直言从征时间"十五从军征,八十始得归",历时六十五年之久,真是"少小离家老大回"。长年征战在外,迁徙不定,家书难至,"近乡情更怯",如今家中亲人是否安好?与乡人的对话令老兵绝望,远看自己的家,如今已是坟冢累累;走进家门,人去屋荒,杂草丛生,满眼凄凉。痛定思痛,生活还得继续,强打精神,舂谷做饭。可这热腾腾的饭羹做好了,又与谁分享?"出门东向看",老人看到的是现实的满目疮痍,想到的是昔时家的温馨,而今是茕茕孑立,形影相吊,这位饱经沧桑的老翁终于抑制不住内心的悲痛,老泪纵横。六十五年征战未死,于他而言,究竟是幸还是不幸?

全诗情节完整,时见曲折,采用顺叙手法,详细描述了老兵家园的荒芜景象以及还家后的一系列行动,即事抒情,情在事中,读来令人隐隐心酸。高超娴熟的叙事技巧正是汉乐府诗歌的一大特色。

十五从军征

汉乐府

十五从军征,八十始得归。
● ● ○ ○ ○　● ● ● ● △

道逢乡里人:家中有阿谁?
● ○ ○ ● ○　○ ○ ● ○ △

遥看是君家,松柏冢累累。
○ ○ ● ○ ○　○ ● ● ● △

兔从狗窦入,雉从梁上飞。
● ○ ● ● ●　○ ○ ○ ● △

中庭生旅谷,井上生旅葵。
○ ○ ○ ● ●　● ● ○ ● △

舂谷持作饭,采葵持作羹。
○ ● ○ ● ●　● ○ ○ ● △

羹饭一时熟,不知贻阿谁?
○ ● ● ○ ●　● ○ ● ○ △

出门东向看,泪落沾我衣。
● ○ ○ ● ○　● ● ○ ● △

吟诵提示

这是一首叙事诗。叙事诗是按照事件发展的先后顺序,即起因、发展、高潮、结尾来记叙的。吟诵叙事诗的规律是,起调略低,发展阶段逐渐升高,吟至高潮处语调、语气均达到顶点,结尾处应余音袅袅,不绝如缕。

乐府诗的吟诵不同于格律诗的吟诵,划分节奏时不过多地考虑平仄,因此吟诵节奏点除遵循基本的"平长仄短"外,依意行调最重要,基本调是四句一反复,节奏点和韵字应长吟。

诗歌描写的是在外征战多年的老兵归家后所见所感的一系列悲惨景象,读来令人叹惋。全诗感情基调是悲痛、酸楚、绝望的。前两句直陈其事,语气平和,起调可稍低,但不能太低,以免后段气韵不足。一、二两句以数字开头,句式相仿,结构整齐,虽"五""十"皆仄声,"十"更是入声字,但古诗吟诵中不考虑平仄,因此,节奏点分别在第二个字"五"和"十"后,适当长吟,有匀整之美,且不割裂语义。"从军征"三平落脚,语速要慢,音值要长。所谓"三平落脚",即一句诗歌的尾三字连用三个平声字。当出现三平落脚时,节奏点一般都置于后两个平声字之间。"军"和"征"长吟,表现出老兵从军时间的漫长。加重"始"字语气,音值稍长,突出老兵归家的不易。三、四两句的节奏点分别在"逢"和"家"字后。"家"字要稍长吟且加重语气,"谁"是韵字,应在长吟基础上重读,强调老兵对家中境况不得而知的忐忑。五、六两句的节奏点分别是"看"和"累"。"累累"是联绵词,在这里是平声韵字,根据吟诵规则,联绵词第二字一律长吟,此处有节奏点,因此第一字也要长吟,节奏放慢,表现出逝者之多的凄惨景象与生者的悲凉心境。这两句是乡人对老兵的回答,吟诵时应是同情的口吻,声音稍高一些,仿佛乡人正在遥指着老人家人的坟冢对其娓娓道来。七、八两句的节奏点均是"从"字,九、十两句的节奏点均是"生"字。四句句式相仿,吟来有一种整齐的美感。这是老人近距离所见,音调压低,音量放小,表现出一种凄凉感。九、十两句的吟诵调随七、八两句顺势而下,本层意义告一段落。十一、十二两句亦因句式相同,节奏点均是"持"字。这两句开始了一层新意义,且酝酿着本诗的高潮,老兵的悲情即将迸发,因此音调再次缓缓提升,表现出老兵强打精神、故作坚强的无奈。十三、十四两句的停顿处分别在"时"和"阿"字上。第十四句四个平声字,属三平落脚,因此"阿谁"二字吟诵时语速一定要慢,声音逐渐哽咽。尾二句节奏点在"门"和"沾"字后。老兵终于难掩悲痛,"沾"字长吟,口腔打开,仿佛老人失声悲号一般。

全诗的事件发展与情感发展应保持一致,吟诵音调虽有高低起伏,但皆在中音区以下,无高音,声音处理要表现出一种压抑感。

4　观沧海

(三国)曹操

东临碣石[1]，以观沧海。
水何澹澹[2]，山岛竦峙[3]。
树木丛生，百草丰茂。
秋风萧瑟，洪波涌起。
日月之行，若出其中。
星汉[4]灿烂，若出其里。
幸甚至哉，歌以咏志[5]。

作者介绍

曹操(155—220)，字孟德，小名阿瞒，沛国谯县(今安徽亳州)人。三国时著名的政治家、军事家、诗人。曹诗代表作有《蒿里行》《观沧海》《龟虽寿》等，皆以乐府古题创作新的乐府诗，其内容和写作方法均与汉乐府"感于哀乐，缘事而发"(《汉书·艺文志》)的精神一脉相承。"借古乐府写时事"是曹操诗歌创作的一大突破。

注释

[1]临：到，登上。碣(jié)石：山名。公元207年秋，曹操征乌桓时经过

此地。

〔2〕澹(dàn)澹:水波荡漾。

〔3〕竦峙(sǒng zhì):高高挺立。竦,高起。峙,挺立。

〔4〕星汉:银河。

〔5〕最后两句每章都有,应为合乐演奏时的套语,是乐府歌辞的一种形式,与正文内容无直接关系。

导读

汉献帝建安十二年(207)八月,曹操大破盘踞在东北部的乌桓族及袁绍的残余势力,统一北方。九月,在归途中经过碣石山,写下了这首千古传诵的名篇。

起首两句直陈其事,点出观海地点。沧海即渤海,登上碣石山,大海的壮阔景象尽收眼底,诗人居高临下的勃勃英姿仿佛显现于眼前。"水何澹澹"六句描写海水和山岛。海水浩浩荡荡,山岛巍然屹立,动静相宜;岛上草木茂盛,使山岛显得生机盎然。诗人在萧瑟的秋风中俯瞰海岛,汹涌的波涛激发了他丰富奇特的想象力,运行不息的日月,星光灿烂的银河,竟都被这沧海包蕴其中。"日月之行"四句放眼宇宙,两个"若"字主观色彩浓厚,眼中景与胸中情交集,形象地描绘出大海吞吐日月星辰的壮美,气势丰沛,成为千古名句。最后两句是和乐的套语,与诗歌内容无关。

全诗借景抒情,展示出诗人博大的胸襟和抱负,苍凉慷慨,历来被视为"建安风骨"的代表作。

观沧海

（三国）曹操

东临碣石，以观沧海。
○○●●　●○○●

水何澹澹，山岛竦峙。
●○●●　○●●▲

树木丛生，百草丰茂。
●●○○　●●○●

秋风萧瑟，洪波涌起。
○○○●　○○●▲

日月之行，若出其中。
●●○○　●●○○

星汉灿烂，若出其里。
○●●●　●●○▲

幸甚至哉，歌以咏志。
●●●○　○●●▲

吟诵提示

　　这是一首笔力雄健的乐府四言诗，结构整齐，句句四字，押仄声韵，古朴雅正。因此，节奏点不考虑平仄问题，可遵循《诗经》的划分方式，置于每句的第二、三字之间及韵字。简而言之，即二二和韵字。总的基本调是四句一反复。

　　诗歌生动饱满地描绘沧海壮景的同时，借景言志，映衬出诗人的博大襟怀。此诗属盛行于汉魏时期的相和歌辞，其特点之一是发声清哀，吟诵时要古直悲凉,时露霸气。前两句起调中等偏高,表现出观海地点之高,同时反映出作者的政治家气魄。第一句的"临"字是节奏点,要长吟,突出所在位置。第二句节奏点上的"观"字也要长吟。此字是全诗的诗眼,由"观"字领起,描述了作者所见所感。第三、四两句语调稍沉,海的苍茫与山的峭拔如在眼前。"澹澹"是联绵词,第一个字重读,第二个字稍长吟。第五、六两句音调回升,吟诵出草木生长繁茂、富于生命力之感。节奏点上的"木""草"二字虽皆仄声字,"木"更是入声字,但吟诵古体诗时不过多考虑平仄,因此,两字可稍长吟,突出所描述的对象。第七、八两句语调再次往下压,表现出悲秋之慨。"秋风萧瑟",又是一年;"洪波涌起",不舍昼夜。面对草木的枯荣、时光的流逝,诗人思绪万千,感叹人生短暂。吟诵此二句要将情感沉淀下来,若有所思。"日月之行"四句是全诗的高潮,亦是本诗吟诵音调的顶点,语调再次提升,语气加重。日月星辰在古人眼中是非常神圣与壮美的,吞吐日月星辰的气度不仅是在赞海,更是在喻己。诗人的踌躇满志于此已表述得淋漓尽致。"月""出""汉"置于节奏点,皆可长吟。尾二句内容上虽与全诗无关,但从音乐角度考虑,却是整首诗曲调的终结,吟诵速度更趋缓慢,声音放轻,情感得以宣泄后,回复平静。"志"是尾韵,长吟,诗人志向得以痛快淋漓地抒发,给读者一种释怀的畅快感。

全诗因景而发,随情而动,虽有起伏,但忌大起大落,吟诵时要气韵沉雄,庄重典雅。

5 饮酒

(东晋)陶渊明

结庐在人境[1],而无车马喧。
问君何能尔[2]?心远地自偏[3]。
采菊东篱下,悠然见南山。
山气日夕[4]佳,飞鸟相与还[5]。
此中有真意[6],欲辨[7]已忘言。

作者介绍

陶渊明(365或372或376—427),字元亮,后改名潜,去世后朋友私谥"靖节",浔阳柴桑(今江西九江西南)人。东晋杰出的文学家,中国田园诗派的开创者。早年受儒家教育,有济世之志,做过一些小官,亦受道家思想的浸染,时隐时仕。曾任江州祭酒、镇军参军、彭泽令等,因厌恶官场污浊,去职归隐,躬耕自食至终。他诗文俱佳。多写农村生活、田园风光,表达其闲适恬淡的生活与心情,风格质朴自然,情、境、理、趣交融,境界淡远,对后世影响甚大。有《陶渊明集》。

注释

[1]结庐:构筑房舍。人境:人聚居的地方。
[2]尔:如此,这样。

[3]心远地自偏:身心远离名利困扰,自然觉得所居之处清静。

[4]日夕:傍晚。

[5]相与还:结伴而归。

[6]真意:自然纯真的意趣。

[7]辨:辨识。

导读

《饮酒》组诗共二十首,陶渊明在《饮酒序》中云:"既醉之后,辄题数句自娱,纸墨遂多……"酒后即兴,将对世事人生的感慨诉诸笔墨,聊以自慰,是这组诗的旨意。本诗是其中的第五首,格调最为闲雅有致。

诗人从自己日常居住的环境起笔,自言并非不食人间烟火,身处"人境",却又感受不到尘世的喧嚣。如何能够做到呢?"心远地自偏"。"心"与"地"映照的是主观精神与客观环境,只要心远离尘嚣,即使身居闹市,亦如身在偏僻之地。诗人自问自答,诙谐风趣。"采菊东篱下,悠然见南山"为千古名句,言躬身采摘菊花,偶然举首,与南山悠然相会。傍晚时分的南山雾气缭绕,景致甚佳,飞鸟结伴归巢,"不知何者为我,何者为物"(《人间词话》),物我两忘,浑然契合。陶诗最善于"发乎事,源乎景,缘乎情,而以理为统摄"(袁行霈《中国文学史》),本诗结句也不例外。"言者所以在意,得意而忘言。"(《庄子·外物篇》)人生的真谛只能意会不可言传,落于言筌,便无理趣。全诗言浅意深,富于哲理。

饮 酒

(东晋)陶渊明

结庐在人境,而无车马喧。
问君何能尔?心远地自偏。
采菊东篱下,悠然见南山。
山气日夕佳,飞鸟相与还。
此中有真意,欲辨已忘言。

吟诵提示

　　本诗是一首五言古诗,不必多考虑平仄,节奏点的划分亦不应完全恪守格律诗的规则,依意行调为宜。由于节奏相对较复杂,因此节奏点和韵字在适度长吟的基础上,一定要拿捏好分寸。总的基本调是四句一反复。

　　此诗极富理趣,吟诵时的感情基调应是舒缓、恬静却不失骨力。起调中平,语气轻盈自然,娓娓道来。第一句节奏点在"庐"字后,因此"庐"字稍长吟,强调诗人的居所。"人"亦稍长吟,点出诗人对自己身处环境的定位。第二句节奏点在"无"字后。"喧"是韵字,必须长吟,与"无"相对应,营造出一种静谧的感觉。第三句节奏点在"君"字后,仿佛自己正与诗人席地对坐,侃侃而谈。第四句在"心"字后停顿。"心"字长吟,且声音要空灵,以显示诗人的恬淡源自内心的安适。因为是说理,两句语调可略低,正所谓"有理不在声高",自然浸润人心之理才是妙理。第五句于"篱"字后停顿,第六句于"然"字后停顿,以增加声音的错落感,充分体现诗人优哉游哉、物我合一的闲适自得。此二句音调回升,让人有一种因视野开阔而心境舒畅的感觉。第七句节奏点在"气"字后,第八句于"飞"字后停顿,语气放轻盈,仿佛可以感受到鸟儿在空中展翅的灵动。"相"字稍长吟,声音中传递出结伴的欢快与温馨。夕阳西下鸟归巢,傍晚时分,身体与心灵都要得到歇息,预示已近尾声,语气渐低。第九句节奏点在"中"字后,第十句节奏点置于"忘"字后,"忘"古音读 wáng。尾二句说理,语音既低且沉,"真"字是诗眼,人要活得真,诗要写得真,长吟时要传递出真情实意。"忘言"处于结尾,又是节奏点,二字皆长吟,余音回绕,意犹未尽。

6　木兰辞

北朝民歌

　　唧唧[1]复唧唧,木兰当户织[2]。不闻机杼[3]声,惟闻女叹息。问女何所思,问女何所忆[4]。女亦无所思,女亦无所忆。昨夜见军帖[5],可汗[6]大点兵。军书十二卷[7],卷卷有爷[8]名。阿爷无大儿,木兰无长兄。愿为市鞍马[9],从此替爷征。

　　东市买骏马,西市买鞍鞯[10],南市买辔头[11],北市买长鞭。旦辞爷娘去,暮宿黄河边。不闻爷娘唤女声,但闻黄河流水鸣溅溅[12]。旦辞黄河去,暮至黑山[13]头。不闻爷娘唤女声,但闻燕山胡骑鸣啾啾[14]。

　　万里赴戎机[15],关山度若飞[16]。朔气传金柝[17],寒光照铁衣。将军百战死,壮士十年归。

　　归来见天子[18],天子坐明堂[19]。策勋十二转[20],赏赐百千强[21]。可汗问所欲,木兰不用尚书郎[22],愿驰千里足,送儿还故乡。

　　爷娘闻女来,出郭相扶将[23];阿姊闻妹来,当户理红妆;小弟闻姊来,磨刀霍霍[24]向猪羊。开我东阁门,坐我西阁床。脱我战时袍,著[25]我旧时裳。当窗理云鬓[26],对镜帖花黄[27]。出门看火伴[28],火伴皆惊忙:同行十二年,不知木兰是女郎。

雄兔脚扑朔,雌兔眼迷离[29];双兔傍地走,安能辨我是雄雌[30]?

注释

[1]唧唧:织布机的声音。

[2]当户织:在家中织布。当户,对着门或在门旁。

[3]杼:织布梭子。

[4]忆:思念。

[5]军帖(tiě):征兵的文书。

[6]可汗(kè hán):我国古代西北地区少数民族最高统治者的称号。

[7]军书:征兵的名册。十二:表示很多,不确指。下文"十年""十二转""十二年"用法与此相同。

[8]爷:指父亲。与下文"阿爷"同。

[9]为:为此。市:买。

[10]鞯(jiān):马鞍下的垫子。

[11]辔(pèi)头:驾驭牲口用的嚼子、笼头和缰绳。

[12]溅溅:流水声。溅,此处读jiān。

[13]黑山:和下文"燕山"都是北方的山名。

[14]胡骑(jì):胡人的战马。胡,我国古代对北方和西方各族的泛称。啾(jiū)啾:马叫的声音。

[15]戎机:战争。

[16]关山:关口山岭。度:越过。

[17]朔气:北方的寒气。金柝(tuò):刁斗。古时军用炊具,铜制,像锅,白天用来做饭,晚上用来打更。

[18]天子:指上文的"可汗"。

[19]明堂:古代帝王举行大典的殿堂。

[20]策勋:封官授爵。转(zhuàn):勋级每升一级叫一转,十二转为最高的勋级。"十二"此处为虚指。

[21]强:多,有余。

[22]不用:不愿做。尚书郎:尚书省的官。尚书省是古代朝廷中管理国家政事的机关。

[23]郭:外城。扶将(jiāng):搀扶。将,助词,不译。

[24]霍霍:象声词,模拟磨刀的声音。

[25]著(zhuó):通假字,通"着",穿。

[26]云鬓(bìn):像云那样的鬓发。

[27]帖(tiē):通假字,通"贴"。花黄:古代妇女的一种面部装饰物。

[28]火伴:同伍的士兵。古时军制十人为一火,同一个灶吃饭,故称"火伴"。火,同"伙"。

[29]雄兔脚扑朔,雌兔眼迷离:据说,提着兔子的耳朵悬在半空时,雄兔两只前脚时时动弹,雌兔两只眼睛时常眯着,所以容易辨认。扑朔,犹"扑腾"。

[30]双兔傍地走,安能辨我是雄雌:两只兔子贴着地面并排跑,怎能辨别出哪是雄兔,哪是雌兔。傍地走,贴着地面并排跑。

导读

北朝民歌是北方各民族共同创造的文化硕果,多半为北魏以后的作品,数量不多,却内容广泛。语言朴素无华,情调坦率爽朗,风格刚健豪放是北朝民歌的总体特色,长篇叙事诗《木兰辞》是其中的代表作品。

诗篇成功塑造了木兰这一女扮男装、替父从军的巾帼英雄形象。全诗采用顺序手法,大致可分出征前、从军生活、立功归来及结尾四节,采取两头详、中间略的结构,繁简结合,剪裁精当。

第一节包括前两段。第一段着重描写木兰的心理活动,以问答形式道出木兰替父从军的原因,坚定的决心折射出木兰性格的刚毅沉着。第二段先用四个排比句表现木兰为出征做准备的繁忙;紧接两个参差错落的复沓句式,"旦""暮"二字突出行军的紧迫感,"不闻爷娘唤女声"流露出远离家乡倍加思亲的脉脉温情。

第二节是第三段。仅用六个律句便高度概括了木兰长达十余年的征战生活,惜墨如金,言简意赅。"万里赴戎机,关山度若飞"夸张地展现出一幅沙场征战图。"朔气传金柝"四句既道出边塞生活的艰苦与战争的旷日持久,又表现出以木兰为代表的将士们的英勇善战,正是"黄沙百战穿金甲,不破楼兰终不还"。

第三节包括第四、五两段。第四段写木兰还朝辞官,"木兰不用尚书郎"一方面因为眷念家园,另一方面则因为木兰不愿暴露女儿身的秘密。第五段泼墨如水般地详述了木兰还乡与亲人团聚的场面。先写爷娘、阿姊、小弟迎接木兰归家的不同举动,各具神态,喜庆欢腾;然后用一连串排比句,形象地刻画出木兰对故居的亲切和重着女儿装后发自内心的喜悦;"出门看火伴,火伴皆惊忙",未料十余载朝夕相处、并肩作战,沙场屡建奇功,男儿亦为之侧目的战友居然是女郎!木兰当然自豪,谁说女子不如男?

第四节是尾段,以比喻作结,用语奇趣,机智幽默,余味悠长。

整首诗语言质朴,生活气息浓郁,木兰的"忠孝"形象活泼亲切,不失本真,不愧是千百年来脍炙人口的优秀诗篇。

木兰辞

北朝民歌

唧唧复唧唧,木兰当户织。不闻机杼声,惟闻女叹息。问女何所思,问女何所忆。女亦无所思，女亦无所忆。昨夜见军帖，可汗大点兵。军书十二卷，卷卷有爷名。阿爷无大儿，木兰无长兄。愿为市鞍马，从此替爷征。

东市买骏马，西市买鞍鞯，南市买辔头，北市买长鞭。旦辞爷娘去，暮宿黄河边。不闻爷娘唤女声，但闻黄河流水鸣溅溅。旦辞黄河去，暮至黑山头。不闻爷娘唤女声，但闻燕山胡骑鸣啾啾。

万里赴戎机，关山度若飞。朔气传金柝，寒光照铁衣。将军百战死，壮士十年归。

归来见天子，天子坐明堂。策勋十二转，赏赐百千强。可汗问所欲，木兰不用尚书郎，愿驰千里足，送儿还故乡。

爷娘闻女来，出郭相扶将；阿姊闻妹来，当户理红妆；小弟闻姊来，磨刀霍霍向猪羊。开我东阁门,坐我西阁床。脱我战时袍,著我旧时裳。当窗理云鬓,对镜帖花黄。出门看火伴,火伴皆惊忙:同行十二年,不知木兰是女郎。

雄兔脚扑朔,雌兔眼迷离;双兔傍地走,安能辨我是雄雌?

吟诵提示

这是一首长篇叙事诗,吟诵的情感应跟随事件的发展变化而起伏。虽然是一首北朝民歌,但诗中以五言为主,杂言为辅,且时有律句出现,后世文人润色的痕迹可见一斑。因此,节奏的划分重在依意行调,适当考虑平仄即可。总体基本调是四句一反复,尽可能保持民歌质朴清健的风格。

由于本诗歌颂的是一位有血有肉的巾帼英雄,其感情基调应是刚健豪爽却不失温柔亲切,吟来清脆有力。整首诗有三节六小段,吟诵时的情感亦随其意而变化。

第一节为前两小段,着重写从军前木兰的心理活动与准备行动。第一段起调不宜高,表现出木兰的心事重重。对话形式道出心事,吟诵的语气要轻柔,低声细语,"愿为市鞍马,从此替爷征"口气要极其坚定,声音不能拖泥带水。第二段"东市"四句语速稍快,表现出木兰出征前准备之繁忙与兴奋。"旦辞爷娘去"两个排比句语速放缓,"鸣溅溅""鸣啾啾"两个三平落脚,音值拖长,表现出木兰离家渐行渐远的不舍,吟诵时要略带忧伤。

第二节言简意赅地描述了木兰的从军生活,吟诵时亦要干净利落,展现出木兰的飒爽英姿。"万里赴戎机"二句语调稍高,反映出行军的急迫。"朔气传金柝"二句渐低,反映出军营生活的孤寂。"将军百战死"二句降至最低点,声音要浑厚深沉,吟出誓死效忠的悲壮与岁月流逝的沧桑。

  第三节是全诗的情感高潮部分,语调要上扬。第四段写木兰得胜还朝,"归来见天子"四句乃受赏,语气应喜悦明快、庄重雅正。"可汗问所欲"四句写木兰辞官返乡,语气中要显现出迫不及待的急切感。第五段将情感高潮推至顶点。一连串的排比句如连珠炮,吟诵语速适当加快。"爷娘闻女来"三个排比句声音中要透出喜庆热闹,但爷娘的稳重、阿姊的娴静、小弟的活泼要区分开来。"开我东阁门"六句气氛突然安静下来,速度放缓,吟诵过程中要沉思回忆,脑海中浮现出昔日女红闺中与战场杀敌的画面,语气温柔庄重,表现出木兰重着女儿装时复杂的心情。"出门看火伴"四句充满自豪感,"女郎"二字要突出,要吟得响亮。

  第四节为第六段,充满理趣,语调逐渐回落至中等,但语气不能呆板,要轻灵。"安能辨我是雄雌"既是尾声,又揭示全诗的主旨,吟诵时要底气充沛,若有回响。

7　送杜少府之任蜀州

(唐) 王勃

城阙辅三秦[1]，风烟望五津[2]。
与君离别意，同是宦游[3]人。
海内存知己，天涯若比邻[4]。
无为在歧路[5]，儿女共沾巾[6]。

作者介绍

王勃(650或649—676)，字子安，绛州龙门(今山西河津)人，与杨炯、卢照邻、骆宾王并称"初唐四杰"。其诗流丽中不乏宏放浑厚，最著名的作品是《滕王阁序》。

注释

[1]城阙辅三秦：长安城以三秦为辅。阙，本指宫门前的望楼。城阙，帝王居住的城，这里指长安。三秦，这里泛指秦岭以北、函谷关以西的广大地区，古为秦国，项羽灭秦，将其地分为雍、塞、翟三国，分封给秦朝的三个降将，故称"三秦"。

[2]风烟望五津：遥望蜀州，只见风烟迷茫。风烟，风景、风光，自然景色。五津，四川岷江当时有五个渡口。这里指杜少府即将赴任的地方。

[3]宦游：为做官而远游四方。

[4] 海内：指全国各地。比邻：近邻。
[5] 无为：无须，不必。歧路：分手告别的地方。
[6] 沾巾：挥泪告别。

导读

这是一首著名的送别诗。杜姓少府入蜀为官，王勃在长安相送。虽为赠别诗，却一洗"黯然销魂"之情，"不作悲酸语，魄力自异"（《唐诗三百首补注》）。

首联实写送别与宦游之地，所用"地名对"壮阔精整，气势雄伟，自长安遥望蜀州，风烟迷蒙，略带感伤。颔联直抒惜别之情，同是远离故土，宦游他乡，却又客中分手，相同的境遇使友人间产生了惺惺相惜的默契，不道自明。"前四句言宦游中作别，后四句翻出达见，语意迥不犹人，洒脱超诣"（《唐诗近体》）。故颈联陡然一转，意境全开。诗人借曹植《赠白马王彪》"丈夫志四海，万里犹比邻。恩爱苟不亏，在远分日亲"的诗意，自铸伟词，成就千古名句。尾联紧承上联劝慰杜少府，一气贯注，行云流水。好男儿志在四方，只要心贴近，万里犹咫尺，何必凄凄惨惨，作唧唧儿女态？

全诗终篇不着景物而气骨苍然，多少叹息，却不见愁语，只有真挚的友情和共勉，格调壮大，正是初唐之风骨。

送杜少府之任蜀州

（唐）王勃

城阙辅三／秦，风烟／望五津。
○ ● ● ○ △ ○ ○ ● ● △

与君／离**别**意，同是宦游／人。
● ○　○ ● ●，○ ● ● ○　△

海内存知／己，天涯／**若**比邻。
● ● ○ ○　●，○ ○　● ● △

无为／在歧路，儿女共沾／巾。
○ ○　● ○ ●，○ ● ● ○　△

吟诵提示

这是一首仄起的五言律诗，按照吟诵格律诗的要求，各句停顿处应是第一句第四个字，第二句第二个字，第三句第二个字，第四句第四个字，第五句第四个字，第六句第二个字，第七句第二个字，第八句第四个字和韵字。简而言之，即四二二四四二二四及韵字。

赠别诗多凄凄惨惨，王勃一改其风，气旺笔婉，因此，本诗的感情基调是气势雄浑中略带感伤。吟诵时，节奏点和韵字长吟。首联起调中等略高，节奏点上"三"字除要长吟外，音调还应适当提升；"五"字与"三"字对仗，加重语气，表现出历史的沧桑和空间的壮阔。颔联音调略下沉，体味友人客中离别欲言又止的无奈与慨叹。"离"不在节奏点，但它是平声字，又是本诗的诗眼，正是此字点出了诗人创作的意旨，因此应适当长吟。"同"亦不在节奏点上，却是平声字，且指出二人的相似境遇，需稍长吟。"宦"字重读，表明二人的身份。颈联音调回升，一扫上联的愁绪，境界全开，要吟得实大声宏。"涯"字在节奏点上，长吟以示相距之遥；"若"是入声字，要吟得短促，方能显出由"天涯"到"比邻"距离的陡然缩短。尾联顺势而下，将颈联要表达的情感抒发到极致，将其要说的道理讲透彻。"无为"两个平声字位于节奏点上，缓慢吟出，强调否定之意。"歧"是平声字，稍长吟，点明分手地点。"沾""巾"二字分别是节奏点和尾韵，"沾巾"即拭泪，诗人看似洒脱，"黯然之意，弥复神伤"（《闻鹤轩初盛唐近体读本》）。故此二字长吟的同时还应加重语气，"巾"字音值一定要拖足，既是为了收尾，更是为了通过悠长的声音传递出友人间的情深意长。

8　登幽州台歌

（唐）陈子昂

前不见古人，后不见来者。
念天地之悠悠[1]，独怆然而涕下[2]。

作者介绍

陈子昂（659—700），字伯玉，梓州射洪（今属四川）人。初唐诗人。幼而聪颖，少而任侠，诗歌主张复归风雅，比兴言志。其中最具代表性的是《感遇》诗38首。

注释

[1]悠悠：形容时间的久远和空间的广大。
[2]怆（chuàng）然：悲伤的样子。涕：眼泪。

导读

武则天万岁通天元年（696），契丹李尽忠、孙万荣等攻陷营州。武则天委派武攸宜率军征讨。此时，陈子昂在武攸宜幕府担任参谋，随同出征。武攸宜为人轻率少谋略，陈子昂多次进谏，皆不允。诗人报国志愿屡屡受挫，于是登上蓟北楼（即幽州台，遗址在今北京），慷慨悲吟，创作了《登幽州台歌》《蓟丘览古赠卢居士藏用七首》等诗篇。

全诗"其辞简质,有汉魏之风"(《升庵诗话》)。前两句俯仰今古,历史悠远。"古人"与"来者"皆指那些能够礼贤下士的圣德明君。两个"不见"强化了诗人怀才不遇的失意情怀。第三句写时空如此浩渺,却无诗人容身之所,伯乐难觅。尾句如泣如诉,将苍凉之景与悲慨之情完美融合。

《唐诗快》评此诗:"胸中自有万古,眼底更无一人。古今诗人多矣,从未有道及此者。此二十二字,真可以泣鬼神。"宇宙的浩瀚与人类的渺小形成鲜明对比,刚健的风骨开启盛唐一代诗风之先河。

登幽州台歌

(唐)陈子昂

前／不见古人，后不见来／者。
念天地之悠／悠，独怆然／而涕下。

吟诵提示

此诗感时伤事,吊古悲今,旨在抒发作者怀才不遇的孤苦情绪,语言古朴苍劲,感情基调是慷慨悲壮的。本诗属古体诗,句式参差,押上声仄韵,不能按照格律诗的节奏要求进行划分,依意行调为佳,节奏点上适当顾及平仄即可。因此,各句停顿处是第一句第一个字,第二句第四个字,第三句第五个字,第四句第三个字和韵字。

起调不宜过高,中等略低,显示出历史的沧桑,表现出诗人的郁闷之情。第一句"前"字在节奏点上,且是平声字,长吟。"古"字稍长吟,以示强调。

第二句"后"字稍长吟，一是为了与第一句"前"字形成对比，突出关键字；二是因为其后跟两个仄声字"不"和"见"，"不"是入声字，三个仄声字的音值若过于平均，就失去了错落有致的音韵美。"来"字在节奏点上，且与第一句的"古"字形成对比，因此应长吟。"者"是韵字，古音读 zhǎ，长吟以表现出诗人对伯乐难寻的无望。第三句音调稍上扬，"念"字要吟得脆、亮，仿佛诗人的呐喊响彻天地之间。"天"平声字，略长吟，稍轻；"地"仄声字，稍短，重读。一长一短，掷地有声，展现宇宙的辽阔。"之悠悠"三平落脚，根据吟诵规律，节奏点放在第一个"悠"字上。"悠悠"既是联绵词，又是节奏点和句尾字，按照吟诵规律，"悠悠"二字均要长吟，语音轻缓绵延，显示出时间的久远感。最后一句"独"是入声字，短促有力，孤独感尽显。"怆然"二字吟诵时一重一轻，一短一长，一高一低。节奏点放在"然"字后，一是因为"怆然"是一个完整的意义；二是如果将节奏点放在"而"后，吟诵起来会感觉很局促，凸显不出"怆然"这个关键词的情感。"而"虽是平声字，但无实义，稍长吟且轻柔即可，为最后情感的宣泄蓄势。"涕"字重读，"下"是韵字，古音读 xiǎ，与"者"字同韵，可以长吟。"涕下"二字气韵全出，浩荡的悲慨喷薄而发，一泻千里。

9　次北固山下

（唐）王湾

客路[1]青山外，行舟绿水前。
潮平两岸阔[2]，风正一帆悬。
海日生残夜[3]，江春入旧年[4]。
乡书何处达，归雁洛阳边[5]。

作者介绍

王湾，生卒年不详，唐代诗人，洛阳（今属河南）人，先天年间进士。其诗流传不多，《次北固山下》最为著名，最早见于唐人芮挺章编选的《国秀集》。

注释

[1]客路：行客前进的路。
[2]潮平两岸阔：潮水高涨，与两岸相平，显得格外开阔。
[3]海日生残夜：夜未消尽，一轮红日已从海上升起。残夜，夜将尽未尽之时。
[4]江春入旧年：江上春早，旧年未过，已有了新春的气息。
[5]归雁洛阳边：古代有雁足传书的传说，此处指希望托北归的大雁捎封家书给洛阳的亲人。

> **导读**

　　古时交通不发达,出外之人久不得归,易生故园之思。诗人曾经"往来吴、楚间",这首诗即是描写乡愁的佳作。

　　首联对偶发端,工丽跳脱。诗人远眺"青山"外,舟行"绿水"间,想象着自己前行的道路,字里行间流露出奔波的劳苦与漂泊的孤独。颔联写景宏阔,春潮涌涨,江与岸平,视野开阔;一帆高悬,舟行顺遂。小舟之中观大景,点面互托,气势恢宏。颈联写景同时点出时令。"海日"与"残夜"、"江春"与"旧年"相映衬,强化了"日"与"春"作为新生美好事物的象征,生气勃勃;"生"字和"入"字"淡而化,非浅浅可到"(《唐诗选脉会通评林》),正所谓"工而易拟""淡而难求"(《唐诗训解》),二字将无生命的"日"与抽象的"春"拟人化,蕴含自然理趣,炼字炼意,奇秀非常。残夜而东方海日已升,旧年而江上早春已至,时序交替之匆匆不待,为尾联的思乡之情做了充分的铺垫。尾联鸿雁传书,遥寄相思,情真意切。

　　全诗层层推进,淡淡的乡愁自然流露,不浓不烈,写景寓怀,风韵洒落,浑然一体。

次北固山下

（唐）王湾

客路青山／外，行舟／绿水前。
● ● ○ ● ● ○ ○ ● △

潮平／两岸阔，风正一帆／悬。
○ ○ ● ● ● ○ ○ ○ △

海 日 生 残 / 夜，江 春 / 入 旧 年。
● ● ○ ○ ● 　 ○ ○ 　 ● ● △

乡 书 / 何 处 达，归 雁 洛 阳 / 边。
○ ○ 　 ● ● ● 　 ○ ● ● ○ 　 △

吟诵提示

这是一首仄起的五言律诗，按照吟诵格律诗的要求，各句停顿处应是第一句第四个字，第二句第二个字，第三句第二个字，第四句第四个字，第五句第四个字，第六句第二个字，第七句第二个字，第八句第四个字和韵字。简而言之，即四二二四四二二四及韵字。

这是一首描写乡思的诗作。"独在异乡为异客"，乡愁总是苦涩的，因此吟诵本诗，起调适中即可，节奏点和韵字长吟。首联"客"字领起，又是入声字，应吟得短促有力，表现出诗人远在他乡的孤独寂寞。颔联要处理好第一句"两岸阔"三个仄声字。"两"字较之"岸""阔"稍长吟，展现出水势浩大的景象；"阔"是入声字，"入声短促急收藏"，由于处于句尾，因此可适当拖长，但切忌拖拉。"风正一帆悬"音调逐渐上扬，"悬"字更是调高值长，表现出小舟行于绿水蓝天之间的轻快。颈联除韵字长吟外，"残""春"适度长吟，一是由于二字位于节奏点，二是用来点明时间、时令。"生""入"二字加重语气，尤其"入"是入声字，要吟出跳跃感，使无生命的"海日"和抽象的"江春"形象化、动态化。尾联"乡书何处达"是疑问语气，诗人轻声自问："家书送到哪儿去啊？""何"是平声字，又表疑问，稍长吟；"达"是入声字，点到即止，不可拖泥带水，以免影响一问一答的流畅气韵。"洛阳"二字要突出，"洛"是入声字，短吟；"阳"是平声字，又在节奏点上，长吟。长短有致，将回答的重点落脚在家乡地点之上，这也是诗人情感的归宿。"边"是韵字，也是整首诗的尾字，长吟时一定要余音悠扬，仿佛诗人已经望见了自己的故乡。

需要指出的是，本诗韵字皆为开口音，吟来声音响亮、情绪舒畅，因此，吟诵过程中会感受到诗人在倾诉乡愁时并非只有苦涩，还有诗人对自然风光的喜爱及宦游异地的复杂心情。正所谓"好男儿志在四方"，唐人独有的那份洒脱要用声音准确表达出来，才能收到理想之效果。

10　使至塞上

(唐) 王维

单车欲问边[1]，属国过居延[2]。
征蓬[3]出汉塞，归雁入胡天。
大漠孤烟[4]直，长河[5]落日圆。
萧关逢候骑[6]，都护在燕然[7]。

作者介绍

王维(701？—761)，字摩诘，蒲州(治今山西永济西南蒲州镇)人，盛唐山水田园诗派的代表作家。晚年官居尚书右丞，世称"王右丞"。王维多才多艺，精通佛学、诗、书、画、音乐等，与孟浩然并称"王孟"，苏轼评价他"诗中有画，画中有诗"。存诗400余首，代表诗作有《相思》《山居秋暝》等。

注释

[1]单车：一辆车，这里形容轻车简从。问边：慰问驻守边疆的官兵。
[2]属国："典属国"的简称。秦汉时官职，掌管边疆少数民族事务。汉代称负责外交事务的官员为典属国，唐代常以"属国"代指使臣。这里是王维对自己使者身份的自称。居延：地名。
[3]征蓬：飘飞的蓬草。

[4]烟：指烽火和燧烟，古代边塞示警或报平安的信号。一说是戈壁滩上的龙卷风。

[5]长河：黄河。

[6]萧关：古关名。候骑：巡逻侦察的骑兵。

[7]都护：唐代边疆重镇都护府的长官，这里指前敌统帅。燕（yān）然：燕然山，代指边防前线。

导读

开元二十五年（737）春，河西节度副大使崔希逸战胜吐蕃，王维奉唐玄宗之命出塞慰问，察访军情，此诗作于赴边途中。

首联以赋法直叙，笔墨简练，"单车"点出轻车简从，"居延"言山高路远。颔联以"蓬""雁"自喻，飞蓬无根，大雁北飞，一"出"一"入"，对仗工整，诗人身负朝廷使命，行程万里，却并非真正委以重任，暗含内心的激愤和抑郁，写景抒情，一笔两到。颈联被王国维称为"千古壮观"的名句。塞外边关，地广人稀，大漠风光，一览无余。沙漠浩瀚无边，八方铺展，烽火台上燃起的浓烟直上云霄，远远望去格外醒目。"孤"字写出了边塞景物的单调，"直"字却又表现出一种劲拔、坚毅之美。沙漠少见植被，一条长河由眼前延伸出去，显得分外长远。长河之上，落日浑圆，给人一种苍茫却又温暖的感觉。寥寥几笔，以线条的形式勾勒出一幅远近相宜的边塞风景画。尾联以与侦察兵的对话收尾："都护为何不在？""都护还在燕然前线呢！"出使任务还未完成，行程似乎并未结束，戛然而止，意犹未尽。

全诗"用景写意，景显意微"，借景寓情，以英特豪逸之气融贯于出色的景物描写之中，形成雄浑壮阔的诗境。

使至塞上

（唐）王维

单车／欲问边，属国过居／延。
○　○　●　●　△　●　●　●　○　△

征蓬／出汉塞，归雁入胡／天。
○　○　●　●　●　○　●　○　○　△

大漠孤烟／直，长河／落日圆。
●　●　○　○　●　○　○　●　●　△

萧关／逢候骑，都护在燕／然。
○　○　○　●　●　○　●　●　○　△

吟诵提示

这是一首平起五言律诗，但并不规则（第三句失黏），不能完全按照格律诗的节奏点要求划分。因此，各句停顿处是第一句第二个字，第二句第四个字，第三句第二个字，第四句第四个字，第五句第四个字，第六句第二个字，第七句第二个字，第八句第四个字和韵字。

此诗描写塞外风光，气象雄浑，吟诵时的感情基调应雄壮、苍凉。首联起调稍高，节奏点和韵字应长吟，表现出路途的遥远。"欲""属国"是入声字，要吟得短促有力。诗人受朝廷委派，轻车简从，出塞慰问，一定要吟出出使者的气势。颔联除节奏点和韵字长吟外，"出汉塞"三个都是仄声字，音值要分配妥当，不能过于平均。"出"是入声字，音值最短，可以吟半拍、空半拍；"入"字与之相对应，可做同样处理，显出动感。"汉"字音值长于"塞"字以示强调，与"胡"字对应，体现对仗的工整。此二句音调略低于首联，且语气稍轻,道出诗人飘零无根之感。颈联一转,写景气势恢宏,诗人于这大漠的雄浑景色中情感得到升华,心灵得到净化,心胸豁然开朗,因此,音调一定要回升,气韵一定要充沛。除节奏点和韵字长吟外,"直"是入声字,但在句尾,可略增加音值,但不可拖泥带水,显示出"孤烟"的轻盈。"长河"要长吟,吟出黄河伸延的辽远。尾联地名、官职名较多,因此应更加庄重。韵字"然"不仅要长吟,而且要拖足,似乎整个故事未完待续,令读者有所期待。

　　全诗吟诵的关键是对情感起伏的把握,有悲凉但不颓废,有豪爽但不张扬,要将盛唐时代的大气磅礴充分展现出来。

11　闻王昌龄左迁龙标遥有此寄

(唐)李白

杨花落尽子规[1]啼，闻道龙标过五溪[2]。
我寄愁心与明月，随风直到夜郎[3]西。

作者介绍

李白(701—762)，字太白，号青莲居士。自称祖籍陇西成纪(今甘肃静宁西南)，生于碎叶(今吉尔吉斯斯坦北部托克马克附近)，幼年随父入川。李白性格豪爽，虽有建功立业的理想，但始终未参加科举考试，长期在各地漫游，写下大量优秀诗作。他的诗豪迈飘逸，激情澎湃，想象丰富，构思奇特，语言清新自然。他被后人誉为"诗仙"，与杜甫齐名，世称"李杜"。有《李太白集》传世。

注释

[1]子规：杜鹃鸟，又称布谷鸟。
[2]五溪：五条河流的总称，具体所指尚有争议。
[3]夜郎：古代少数民族国名。

导读

《新唐书·艺文志》记载，天宝八载(749)暮春，王昌龄因"不护细行"而获罪，被贬官为龙标尉。李白获悉友人的不幸遭遇后，遂写下这首充满同情与关切、意韵深幽婉转的绝句。

　　第一句即景见时，点出了闻讯贬谪的时令——杨花已落，子规始啼，正是暮春时节。景物选取漂泊不定的杨花和哀啼"不如归去"的泣血杜鹃为意象，以景生情，令人顿生漂泊之感、别离之愁。第二句直叙贬谪地，暗含所去之地道路艰难、景物荒凉。春尽已令人感伤，相去又极远，更添一层愁绪。后两句直抒胸臆，人隔两地，音讯难觅，只有一轮明月共享。正所谓"但愿人长久，千里共婵娟"，月中所托不仅是对友人的思念，更遥寄诗人一腔无人理解的苦闷。心寄与月，月又随风，奇思深情，亦真亦幻。

　　诗人将景物人格化，比兴寄托，情景结合，形象地传递出友人间真挚而浓厚的情谊。

闻王昌龄左迁龙标遥有此寄

（唐）李白

杨花／落尽子规啼，闻道龙标／过五溪。
○○　●●●○△　　○●○○　●●△

我寄愁心／与明月，随风／直到夜郎西。
●●○○　●○●　　○○　●●●○△

吟诵提示

　　这是一首平起七言绝句，按照吟诵格律诗的规则，各句停顿处应是第一句第二个字，第二句第四个字，第三句第四个字，第四句第二个字和韵字。简而言之，即二四四二及韵字。

　　本诗旨在慰藉友人、宣泄苦闷，因此，感情基调忧伤、凄楚，却不颓废。

节奏点和韵字长吟。第一句写景悲凉,起调中等偏低为宜,对于"落""尽""子"连续三个仄声字的音值处理注意不能过于平均。虽然吟诵要求平长仄短,但这是相对的。"落"是入声字,"入声短促急收藏";"尽"表示杨花落的数量和程度,暗示时令已入暮春,因此相对于其他两个仄声字吟诵音值可略增加,强调时节。"子规"是鸟名,不宜拆读,且"规"是平声字,"子"随"规"带过。第二句"过"加重语气,突出前往贬谪地路途的遥远。第三句吟诵得要恳切,除节奏点长吟外,"与"虽是仄声字,但此处可适当拖长,只有挚友才会交心,显示出李白对王昌龄的深情厚谊。"明月"是友人间情感的寄托,诗人的满腔愁苦到这里已是浓得化不开,因此"明"字适当长吟,"月"是入声字,可加重语气甚至略带哽咽,以此渲染气氛、增强力度。第四句除节奏点和韵字长吟外,整句吟诵速度稍加快,尤其是"直"这个入声字,一带而过,体现出诗人唯恐不能尽快与友人互诉衷肠的心情。"夜郎"的"郎"字适当长吟,点明贬谪之地。

12　行路难（其一）

（唐）李白

金樽清酒斗十千[1]，玉盘珍羞直万钱[2]。
停杯投箸[3]不能食，拔剑四顾心茫然。
欲渡黄河冰塞川，将登太行雪满山。
闲来垂钓碧溪上，忽复乘舟梦日边[4]。
行路难，行路难，多歧路[5]，今安在[6]？
长风破浪[7]会有时，直挂云帆济沧海[8]。

注释

[1]樽:古代盛酒的器具。斗(dǒu)十千:一斗值十千钱(即万钱)，形容酒美价高。

[2]羞:通"馐"，美味的食物。直:通"值"，价值。

[3]投箸(zhù):扔下筷子。箸，筷子。

[4]闲来垂钓碧溪上,忽复乘舟梦日边:引用典故,传说姜太公吕尚八十岁在磻溪垂钓,得遇周文王,助周灭商。伊尹曾梦见自己乘舟绕日月而过,后受商汤礼聘,助商灭夏。这两句表达了诗人对从政依然怀抱期待。

[5]歧路:岔路,指人生会有许多挫折、失败。

[6]今安在:如今身在何处。安,哪里。

[7]长风破浪:《宋书·宗悫(què)传》记载:"悫年少时,炳问其志,悫

曰:'愿乘长风破万里浪。'"比喻诗人志向远大,为实现政治抱负不怕困难、奋勇前进。

[8]云帆:高大的帆。济:渡,过河。

导读

《行路难》是乐府古题,属杂曲歌辞,内容多咏叹世路艰难及贫贱离索之感。此诗是李白所作三首《行路难》中的第一首,《唐宋诗醇》认为这组诗皆天宝三载(744)李白离开长安时所作。

全诗以叙事开篇,渐而过渡到抒情,通篇以第一人称抒怀议论。开头两句以夸张笔法领起,描写饯行筵席之丰盛,从侧面道出朋友对李白的深厚情谊。"嗜酒见天真"的李白若在平时,定会"一饮三百杯"。但此时的他心绪茫然,无心享受美酒,"停""投""拔""顾"四个连续动作,形象地显示了其内心的抑郁苦闷。盛宴的乐景与诗人的哀情形成一层鲜明对比。紧承"心茫然",诗人运用比兴手法,借"冰塞川""雪满山"象征人生路途上的崎岖险阻,从正面描写"行路难"的景况。但胸怀远大政治抱负的李白,绝非稍稍遇挫便意志消沉的性格软弱之人。他引用吕尚、伊尹两位历史人物的传奇经历,以他们为榜样,坚信虽然前路艰险,但壮志定能酬!"行路难,行路难,多歧路,今安在?"节奏短促,跳跃性强,短短四句是诗人再次陷入进退失据、彷徨矛盾、急切不安的内心独白。"长风破浪会有时,直挂云帆济沧海"唱出了乐观高昂的盛唐强音,将全诗推向了高潮。诗人借用刘宋时宗悫的典故,坚定自己最终能到达理想彼岸的信心,完成了自我心理迷茫与期望、困苦与追求的情感回旋。

本诗在题材和表现手法上均效仿南朝刘宋诗人鲍照《拟行路难》,诗作虽都在一定程度上反映了怀才不遇的压抑,但由于时代精神及个人性格、气质等因素的差异,较之鲍照的诗作,李白诗篇的思想意蕴更显境界高远。

行路难（其一）

（唐）李白

金樽清酒斗十千，玉盘珍羞直万钱。
○ ○ ○ ● ● ● △　● ○ ○ ● ● ● △

停杯投箸不能食，拔剑四顾心茫然。
○ ○ ○ ● ● ○ ●　● ● ● ● ○ ○ △

欲渡黄河冰塞川，将登太行雪满山。
● ● ○ ○ ○ △ ○　○ ○ ● ● ● ● ●

闲来垂钓碧溪上，忽复乘舟梦日边。
○ ○ ○ ● ● ○ ●　● ● ○ ○ ● ● △

行路难，行路难，多歧路，今安在？
○ ● ○　○ ● ○　○ ○ ●　○ ○ ▲

长风破浪会有时，直挂云帆济沧海。
○ ○ ● ● ● ● ○　● ● ○ ○ ● ○ ▲

吟诵提示

　　这是一首以乐府古题重新谱写的七言古诗，吟诵时没有固定的套路，只能根据诗人的感情及文字的平仄去吟诵。全诗共十四句，在七言古诗中只能算为中篇，但诗篇感情起伏跌宕，语言酣畅淋漓，足可称为李白七言古诗中的佳作。

　　本诗的情感基调是激愤、苦闷却仍不失希望，因此起调应该略高一些，才能把诗人的情感合理地表现出来。前四句的情感是大起大落，吟诵时要特别注意。前两句要吟得高亢，"金樽清酒"与"玉盘珍羞"都表明宴饮档次之高及主人之热情，诗人郁闷的是自己的仕途不顺，与好客的主人无关，所以前两句诗人既是写宴饮的场面,也是表达对主人的感谢之情。"直"字虽然是入声字,但这是对友人盛宴的肯定,又是在第五个字的位置上,所以可以适当重读以示强调。诗人此时情绪低落,无心痛饮美酒,故而"停杯投箸"。吟诵时情感和语调也必须急转直下,把诗人的激愤、苦闷、抑郁之情都抒发出来。"拔剑四顾心茫然"句要特别注意,一是语调要逐渐下降,二是注意"顾"字的吟诵。"顾"虽然是仄声字,但若要表现出"四顾"的意境,就必须适当长吟,并借机换口气,以便更好地长吟"心"字。"心"是此句的字眼,又是平声字,理应长吟。接下来的四句与前四句一样,情感的起伏也是非常明显的,第五、六两句是对"心茫然"的诠释,想过黄河却"冰塞川",想登太行山但"雪满山",事事不顺,所以情感非常低沉。第七、八两句诗人用了吕尚、伊尹的典故,表明诗人对未来还抱有期待。吟诵这两句时,情感应该有所回升,语气应该适当放缓。"行路难"以下四句是吟诵的难点,"行路难"三个字,长吟其中"行""难"二字,将诗人"心茫然"的感受表现出来,语调还应上升,才能把仕途的艰辛、路越走越难的苦闷表现出来。"多歧路,今安在"的吟诵与前两句相反,后一句语调稍微降低一些,一升一降将诗人的"心茫然"淋漓尽致地表达出来。最后两句,表现出诗人对未来充满信心,所以吟诵时应注意语调的回升、情感的欢快及语气的坚定沉稳。

总之,这首诗的吟诵有一定的难度,关键是把握住诗人的情感变化,才能通过吟诵将诗人的情感展现出来,进而深入地理解作品。

13　黄鹤楼[1]

（唐）崔颢

昔人[2]已乘黄鹤去，此地空[3]余黄鹤楼。
黄鹤一去不复返，白云千载空[4]悠悠[5]。
晴川历历[6]汉阳[7]树，芳草萋萋[8]鹦鹉洲[9]。
日暮乡关[10]何处是？烟波江上使人愁。

作者介绍

崔颢(hào)(？—754)，唐朝汴州(治今河南开封)人，唐玄宗开元年间进士，才思敏捷，擅于作诗，《旧唐书·文苑传》把他和王昌龄、高适、孟浩然并提。

注释

[1]黄鹤楼：故址在今湖北武汉蛇山的黄鹄矶头，《寰宇记》中记载："昔费祎登仙，每乘黄鹤于此憩驾，故号为黄鹤楼。"相传始建于三国吴黄武二年(223)，历代屡废屡建。1884年最后一次被火焚毁，1985年重建。

[2]昔人：指传说中的仙人。因其曾驾鹤过黄鹤山，遂建楼。

[3]空：只。

[4]空：深、大的意思。

[5]悠悠:飘荡的样子。

[6]历历:清楚可数。

[7]汉阳:地名,与黄鹤楼隔江相望。

[8]萋萋:形容草木长得茂盛。

[9]鹦鹉洲:在湖北武汉西南长江中,后逐渐被水冲没。

[10]乡关:故乡。

导读

黄鹤楼是唐时的名胜,题咏的作品很多,但举世公认崔颢的《黄鹤楼》堪称绝唱。传说李白登黄鹤楼,有人请他题诗,他说:"眼前有景道不得,崔颢题诗在上头。"严羽《沧浪诗话》评:"唐人七言律诗,当以崔颢《黄鹤楼》为第一。"诗人登临古迹,遥想黄鹤楼的传说,纵观眼前的胜景,诗兴大发,千古绝唱,脱口而出。

前四句写诗人登楼怀古。"黄鹤"一词接连出现三次,似脱口道出,实际上是交代黄鹤楼的由来及由此萌生的感叹。名楼巍巍象征着静止的空间,白云悠悠象征着流淌的岁月,诗人在时间与空间的交汇点上,不由自主地发出时光不再、斯人难寻的感慨。

颈联写登临所见:远眺汉阳,绿树历历在目;鹦鹉洲上,萋萋芳草如茵。开阔的视野,生机勃勃的明媚风光,的确是描写黄鹤楼的千古名句。尾联写登临所思:夕阳西下,江雾升起,诗人很自然地将薄暮的柔美与思乡的幽怨交织在一起。我们仿佛看到,辽阔的江面上水汽氤氲,一位孤独的诗人在缥缈的烟波中思念着自己的家乡。这感人的画面令人怦然心动,不由得为诗人描绘的意境所征服。

黄鹤楼

(唐)崔颢

昔人/已乘黄鹤去,此地空余/黄鹤楼。

黄/鹤一去不复返,白云/千载空悠悠。

晴川/历历汉阳树,芳草萋萋/鹦鹉洲。

日暮乡关/何处是?烟波/江上使人愁。

吟诵提示

这是一首不太规范的七言平起律诗,各句停顿处分别是第一句的第二个字,第二句的第四个字,第三句的第一个字,第四句的第二个字,第五句的第二个字,第六句的第四个字,第七句的第四个字,第八句的第二个字以及韵字。简而言之,即二四一二二四四二及韵字。

这首诗将诗人思念亲人的个人乡愁与心系天下苍生的情怀巧妙融合在一起,格调优美,气势宏伟,因而本诗的感情基调应为忧愁之中不乏豪迈与激昂。

首联诗人满怀对黄鹤楼的美好憧憬慕名而来,可仙人驾鹤杳无踪迹,眼前就是一座寻常可见的江楼,因而起调稍高,显示仙人驾鹤归去的逍遥。美好憧憬与寻常江楼的落差,在诗人心中布上了一层怅然若失的底色,为乡愁情结的抒发做了潜在的铺垫。"人""余"是节奏点,必须长吟。"黄鹤"之后

"去"紧随,"去"在句尾,因此"黄鹤"二字音值不要过长,"去"字则长且轻缓,仙鹤飞升的轻灵跃然眼前。"黄鹤楼"是专有名词,平仄平的韵律很是谐美,"黄"字音值略长,"鹤"是入声字,吟得短而轻,"楼"是韵字,音值最长,诗人在一声长叹中陷入了沉思。

颔联沉思更为深邃邈远,吟诵时语调承接首联顺势而下,展现出宇宙的浩瀚无垠。"黄鹤一去不复返"一句只有"黄"是平声字,根据吟诵规则,本句节奏点亦在此。"鹤""一""不""复"四个入声字使整个句子顿显急促,因此"去"字处定要换口气,吟诵时才不会感觉急促吃力。"白云千载空悠悠"一句,除"白"为入声字,"载"为仄声字之外,其余均为平声,且三平落脚,这在律诗中本为大忌,但崔颢却运用得自然谐和。"空悠悠"三字悠远绵长,"空"字适当重读,"悠悠"是联绵词,根据吟诵规则,第一字稍长吟,第二字较第一字更长,中和了前句的紧迫感,颔联中两句字面上虽非对句,但韵律上一张一弛,张弛有度,音韵上的对仗,给人珠联璧合之和谐美感。

颈联将思绪拉回至眼前壮美景色,艳阳高照,语调回升,表现出对美好景物的喜爱。"川""萋"是节奏点,适度长吟。"洲"是韵字,长吟。联绵词"历历"入声字,吟得短促、有力、分明,突出汉阳树的伟岸挺拔。联绵词"萋萋"吟得舒缓响亮,与汉阳树对照,表现出芳草的柔美与茂盛。

尾联日色渐昏,"燕辞归,客尚淹留"。吟诵时语调随"日暮"下沉,"关""波"是节奏点,稍长吟。"何"字稍长吟,语气加重。诗作以"愁"字收篇,淡淡的烟波之上泛起浓浓的乡愁。"愁"字一定要长吟,底气要足,似发出一声长叹,将诗人的一腔愁绪宣泄出来。

14 望 岳

(唐)杜甫

岱宗[1]夫如何？齐鲁[2]青未了。
造化[3]钟[4]神秀，阴阳[5]割[6]昏晓。
荡胸生曾云[7]，决眦[8]入归鸟。
会当凌绝顶[9]，一览众山小。

作者介绍

杜甫(712—770)，字子美，河南巩县(今河南巩义西南)人，因多年居住在长安少陵(今陕西西安市南)，故自称"少陵野老"，曾任检校工部员外郎，世称"杜工部"。杜甫出身于官宦家庭，自幼就有爱国忧民的情怀，但其仕途不顺，穷愁潦倒，不得不长年漂泊各地。艰苦的生活使诗人更贴近广大民众，写出了许多关心人民疾苦的优秀诗篇。他的诗记录了唐王朝由盛转衰的过程，被后人称为"诗史"。杜甫的诗作风格多样，或平淡简易，或绵丽精致，或雄浑阔大，或蕴藉宏深，但总以沉郁顿挫为主，对后人影响极大。在诗歌史上，与李白并称"李杜"，代表盛唐诗歌的两座高峰。杜甫约有一千多首诗歌被保留下来，大多收于《杜工部集》中。

注释

[1]岱(dài)宗：泰山亦名岱山或岱岳。古代以泰山为五岳之首、诸山

所宗,故又称"岱宗"。

　　[2]齐鲁:春秋时期齐、鲁两国以泰山为界,齐国在泰山北,鲁国在泰山南,都属于山东地区,故后世以齐鲁代称山东地区。

　　[3]造化:这里指大自然。

　　[4]钟:聚集。

　　[5]阴阳:"阴"指山之北,"阳"指山之南。

　　[6]割:分。夸张的说法。此句是说泰山很高,在同一时间,山南山北判若早晨和晚上。

　　[7]荡胸:涤荡胸襟。曾:同"层"。

　　[8]决眦(zì):眼角(几乎)要裂开。这是由于极力睁大眼睛远望归鸟入山所致。

　　[9]凌绝顶:登上最高峰。凌,登上。

导读

　　本诗是杜甫早期作品。唐玄宗开元二十四年(736),诗人到兖州(今属山东)省亲——其父杜闲当时任兖州司马。此后三四年内,他一直在山东、河北一带漫游,本诗就是这期间写的。诗中热情地赞美了泰山高大雄伟的气势和神奇秀丽的景色,也透露了诗人早年的远大抱负,历来被誉为歌咏泰山的名篇。

　　"岱宗夫如何?齐鲁青未了。"诗人用几近白话的语言说:"你知道泰山是什么样子吗?齐鲁大地上那拔地而起、郁郁葱葱、绵延千里的就是泰山。"如果说前两句是实写泰山,那么三、四句"造化钟神秀,阴阳割昏晓"则是虚写泰山。为什么要虚写?因为泰山的峻拔神奇实在是一言难尽,不如直接说这是上天对泰山情有独钟,才使得泰山如此高大,如此峻峭,如此秀美,如此神秘。正如我们突然看到一座雄伟壮观的古建筑时,一时找不到用什么词语来形容它,只能说一句"啊! 太伟大了"一样,是发自内心的感叹。"荡胸生曾云,决眦入归鸟",极写泰山之高,白日里可以望见山腰间的团团云气,黄昏时可以望见归巢的鸟儿渐渐隐入山谷之中。诗人抓住这两个景物细节表达了心情的激荡和眼界的空阔,自然而然引出诗人心底的愿望:"会当凌绝顶,一览众山小。"这是化用古语"登泰山而小天下",但有更为深刻的含义:诗人要攀登泰山极顶,也要攀登人生事业的顶峰。这与诗人此前的"致君尧舜上,再使风俗淳",以及后来的"窃比稷与契"都是一致的,表达了诗人积极进取的精神和忠君爱国的情怀。

望 岳

(唐)杜甫

岱宗／夫如何？齐鲁青／未了。

造化钟神／秀,阴阳／割昏晓。

荡胸／生曾云,决眦入归／鸟。

会当／凌绝顶,一览众山／小。

吟诵提示

这是一首五言古体诗,吟诵时根据诗人的感情,兼顾文字的平仄即可。各句停顿处分别是第一句的第二个字,第二句的第三个字,第三句的第四个字,第四句的第二个字,第五句的第二个字,第六句的第四个字,第七句的第二个字,第八句的第四个字以及韵字。简而言之,即二三四二二四二四及韵字。

本诗押的是仄声韵,仄声本不宜长吟,但此处是韵字,还是可以适当长吟的,不过应该比平声韵吟得稍微短一点。

诗歌赞美泰山的神秀与雄伟,与诗人的远大抱负相交织,感情基调由热情转向豪迈。

前两句自问自答,起调不宜太高,"宗"为节奏点,稍长吟。"夫如何"三平落脚,语速放慢,将诗人面对巍峨泰山的慨叹缓缓抒发出来。"齐鲁青未了"一句只有"齐""青"二字为平声,本诗属古体,节奏点的划分以不破坏语义为主,兼顾"平长仄短","齐鲁"不宜拆开,"青"为节奏点,稍长吟,以突出泰山苍翠劲拔的壮美。"未了",即绵绵不尽之意,因此要吟长一些。三、四句"神""阳"为节奏点,稍长吟,尤其"神"字语音上扬,表现出对泰山神奇秀美景色的由衷欣赏和赞叹。"割"是入声字,短促有动感,但不要吟得过于用力。五、六句"胸""归"二字是节奏点,稍长吟。"生曾云"三平落脚,声音放缓,"生"字拖长,将云雾缭绕、涤荡胸怀的畅快感表达出来。"入"是入声字,短而轻,与"归"字音值形成鲜明对比,展现出鸟儿的轻灵。最后两句的首句节奏点本应在第四字,但"绝"是入声字,依据"平长仄短"的基本吟诵规则,将节奏点移至"当"字,稍长吟且语气坚定,表现出诗人勇攀高峰的坚定信念。"一览众山小"是全诗结束语,直抒胸臆,表达了诗人的远大志向,节奏点和韵脚一定要长吟,如此才能平衡全诗;尤其"山"字不仅在节奏点上,更是扣题之字,一定要吟得响亮有力。

15 春 望

(唐)杜甫

国破山河在,城[1]春草木深。
感时[2]花溅泪,恨别鸟惊心。
烽火[3]连三月,家书抵万金。
白头搔[4]更短,浑欲不胜簪[5]。

注释

[1]城:指当时被叛军占领的国都长安城(今陕西西安)。
[2]感时:感慨时序的变化与时势的更迁。
[3]烽火:古时边疆筑有烽火台,有紧急情况,白天点狼烟,晚上点烽火以报警。烽火的燃起表示国家战事的出现。
[4]搔:挠,用手指甲轻刮。
[5]浑欲不胜簪:简直连簪子都插不上了。浑,简直。胜(旧读 shēng),能承担,能承受。簪(旧读 zēn),古人用来绾(wǎn)住发髻或冠的针形首饰。

导读

唐肃宗至德元载(756)六月,安史叛军攻下首都长安。本诗是诗人逃离长安前一个月所作,集中表达了诗人忠君恋阙、念家悲己的真挚情感。

这是一首仄起的五言律诗,气度浑涵,幽情邃思,感时伤事,沉郁蕴藉,前四句写春城破败之惨景,后四句抒心系家国之离情。首联写"望"中所见,"国破"的残败不堪对"城春"的生机盎然,"国破"之下山河依旧,"城春"之中却乱草丛生。司马光言:"'山河在',明无余物矣;'草木深',明无人矣。"此联对仗工巧,笔力千钧。颔联历来存在两种解释:其一,以诗人为"感""恨"主体。花、鸟本为春景中最令人赏心悦目之物,但因感时伤事,诗人触景生情,见之反而堕泪惊心。其二,以花、鸟为"感""恨"主体。以花、鸟拟人,移情于物,花、鸟亦有了真性情,感时伤别,花也溅泪,鸟亦惊心。此两说精神相通,实质无异,恰道出了诗歌的丰富蕴含。

　　诗的前四句以"望"为统,后四句由俯仰眺望自然过渡到低头沉思。据史载,安禄山发动叛乱之初,很多地方都曾遭遇叛军侵扰,百姓惨遭无辜杀戮。战火纷繁,"寄书长不达",亲人安危不得而知。颈联"家书抵万金"形容战乱时讯息的珍贵,表达了诗人对家人的强烈思念。尾联中的"白头"是实写。虽然这一年诗人才四十五岁,但从"白头"到"不胜簪",苍老过程之快,愁苦程度之深,均为忧国、伤时、思家之愁所致。半年后,杜甫在《北征》中曾再次提到"况我堕胡尘,及归尽华发",再次印证国破家散加快了诗人的衰老。

　　全诗抒发了诗人忧国思亲的情感。有学者评价此诗"意脉贯通而不平直,情景兼具而不游离,感情强烈而不浅陋,内容丰富而不芜杂,格律严谨而不板滞"。境苦情真,意在言外,因而千百年来一直脍炙人口,历久不衰。

春 望

(唐) 杜甫

国 破 山 河 ／ 在 ， 城 春 ／ 草 木 深 。
● ● ○ ○ ● ○ ● ● △

感 时 ／ 花 溅 泪 ， 恨 别 鸟 惊 ／ 心 。
● ○ ○ ● ● ● ● ○ △

烽 火 连 三 ／ 月 ， 家 书 ／ 抵 万 金 。
○ ● ○ ○ ● ○ ○ ● ● △

白 头 ／ 搔 更 短 ， 浑 欲 不 胜 ／ 簪 。
● ○ ○ ● ● ○ ● ● ○ △

吟诵提示

这是一首标准的仄起五言律诗,吟诵时各句的停顿处为第一句的第四个字,第二句的第二个字,第三句的第二个字,第四句的第四个字,第五句的第四个字,第六句的第二个字,第七句的第二个字,第八句的第四个字以及韵字。简而言之,即四二二四四二二四及韵字。

唐肃宗至德二载(757)诗人被困于长安城中,国难深重,家书断绝,困守孤城,转动不得,忧国忧民,满腔愁思,都寄托在诗篇之中,因此忧愁、苦闷及对亲人的思念,是本诗的情感基调。吟诵本诗,除按照格律诗的要求外,还应该注意一些细节问题。

由于要表达苦闷、忧愁的心情,所以首联吟诵时起调不能太高,不应有高亢、激昂、愤慨的情绪,但也不能太低,以中等高度起调最为合适。"山河"二字中,"山"字吟诵得稍微低一些、短一些,"河"字可吟诵得高一些、长一些,把诗人对国都、对祖国的感情都抒发出来。"春"字是诗人用情极深处,又在节奏点上,应长吟。"深"是韵字,诗人用"深"字表达对未来充满信心,所以一定要充满感情地长吟。

　　颔联的文化内涵极为丰富。我们通常以为花鸟虫鱼与闲情逸致相对应,鸟语花香人皆爱之,但在诗人眼中,花开令人伤心落泪,鸟鸣使人胆战心惊。这是因为诗人此时困守孤城,心绪苦闷,自然无心赏花开、听鸟鸣。所以吟诵时一定要注意"时""花""惊"和"心"四字,把这几个字适度长吟,感情就出来了。

　　颈联是千古名句,妇孺皆知,吟诵这两句时,要饱含深情,语速可适当放慢,语气要凝重,才能把诗人对亲人的思念表现出来。"三"字在节奏点上,长吟更能把战火延续之长久和给人民带来的苦难之深重表现出来。"万"字可加重语气,提升音高,表示战乱时期一封平安家书之珍贵。

　　尾联看似平淡,吟诵起来却有一定难度。除节奏点上的字及韵字之外,"搔"字必须适当长吟,才能把因极度苦闷而时常挠头的意象表现出来。"浑欲"二字很不好处理,"浑"是平声字,但在句首,不宜长吟;"欲"是入声字,不能长吟。此二字吟得太快,就无法将诗人烦闷、痛苦的心情表现出来;吟得太慢,又不符合吟诵的基本规则。所以吟诵时掌握这两个字的快慢非常关键。吟诵时,"簪"字应回归古音,读作 zēn,与"深""心""金"押韵。

　　总之,这首诗的吟诵难度不是很大,但吟诵好还是不容易的。只有掌握吟诵的基本规律,注意好细节的处理,才能收到理想的效果。

16　茅屋为秋风所破歌

(唐)杜甫

八月秋高风怒号,卷我屋上三重茅[1]。茅飞渡江洒江郊,高者挂罥[2]长林梢,下者飘转沉塘坳[3]。南村群童欺我老无力,忍能对面为盗贼。公然抱茅入竹去,唇焦口燥呼不得,归来倚杖自叹息。俄顷[4]风定云墨色,秋天漠漠向昏黑[5]。布衾[6]多年冷似铁,娇儿恶卧踏里裂[7]。床头屋漏无干处,雨脚如麻未断绝。自经丧乱少睡眠,长夜沾湿何由彻[8]！安得广厦千万间,大庇[9]天下寒士[10]俱欢颜,风雨不动安如山！呜呼！何时眼前突兀见此屋,吾庐独破受冻死亦足！

注释

[1]三重茅：几层茅草。三，不是确指，表示多。

[2]挂罥(juàn)：挂着，挂住，缠绕。罥，挂。

[3]沉塘坳(ào)：沉到池塘水中。塘坳，低洼积水的地方，即池塘。坳，水边低地。

[4]俄顷(qǐng)：不久，一会儿，顷刻之间。

[5]漠漠：阴沉迷蒙的样子。向：渐近。

[6]衾：被子。

[7]恶卧：睡相不好。裂：使……裂。

[8]何由彻：如何才能熬到天亮呢。彻，通，这里指结束、完结的意思。

[9]大庇(bì)：全部遮盖、掩护起来。庇，遮蔽，保护。

[10]寒士："士"原指士人，即读书人，此处泛指贫寒的士人。

导读

唐肃宗上元元年（760），杜甫辗转来到成都，在好友严武等人的帮助下，生活逐渐稳定下来，在浣花溪边盖了一座茅屋。次年八月，一场大风卷走了屋顶上的茅草，又逢阴雨连绵，天寒屋漏，诗人有感而发，遂作此诗。

本诗可分为三节：第一节共十句，分为两层意思。前五句写大风卷走屋顶上的茅草。诗人用了"号""卷""飞""渡""洒""挂罥""飘转""沉"八个动词，绘声绘色地再现了当时的情景。一位作家说过：在诗歌创作时，最重要的是选择动词，动词选择好了，你就可以随心所欲地填写其他的词了。诗人正是选择了八个动词，才将那突如其来的狂风呈现在我们面前。接下来五句写顽童将吹落的茅草捡走的情景和诗人的窘迫感受。小孩看见漫天飞舞的茅草感到很好玩，纷纷去捡拾。诗人知道没有这些茅草自己的屋子会漏雨，所以大声喊叫，让小孩们把茅草送回来。小孩就是小孩，你不让他们干什么他们偏要干什么，最后哄抢而去，诗人却是口干舌燥，倚杖叹息。这里不是说诗人多么小气吝啬，而是诗人担心秋雨将至，给自己及家人的生活带来不便。

第二节八句写秋雨给自己及家人的生活带来的苦难。果然不出诗人所料，"俄顷风定云墨色，秋天漠漠向昏黑"，秋雨如期而至，一时"床头屋漏"，"雨脚如麻"，遍地雨水，无法入睡，诗人的窘迫可想而知。但应该注意的是，诗人此时最关心的是自己的"娇儿"，这位伟大的文学家与普天下的父母一样具有一颗关爱子女的心。同时，我们还应该看到，诗人并没有埋怨那些拾走茅草的顽童，而是将批判的矛头指向动乱的社会，更显示出一位伟大的现实主义诗人对社会深刻的体察和认识。

从"安得广厦千万间"至结束为第三节，表现了诗人推己及人、舍己为人的博大胸襟和崇高理想。诗人没有停留在怨天尤人上，而是由自己的遭遇想到天下有共同命运的"寒士"，希望有朝一日这些"寒士"都能住进不漏雨的房子，至于自己屋子残破"受冻死亦足"。这是何等的胸怀、何等的情操！

茅屋为秋风所破歌

（唐）杜甫

八月秋高风怒号，卷我屋上三重茅。茅飞渡江洒江郊，高者挂罥长林梢，下者飘转沉塘坳。南村群童欺我老无力，忍能对面为盗贼。公然抱茅入竹去，唇焦口燥呼不得，归来倚杖自叹息。俄顷风定云墨色，秋天漠漠向昏黑。布衾多年冷似铁，娇儿恶卧踏里裂。床头屋漏无干处，雨脚如麻未断绝。自经丧乱少睡眠，长夜沾湿何由彻！安得广厦千万间，大庇天下寒士俱欢颜，风雨不动安如山！呜呼！何时眼前突兀见此屋，吾庐独破受冻死亦足！

🔖 吟诵提示

从吟诵的角度，本诗可以分为三部分。

前十句为第一部分。这一部分又分为两个小节，每小节各五句。第一小节句句押韵，吟诵时韵字自然应该长吟。根据内容的需要及"平长仄短"的吟诵规则，第一句的"高"字，第二句的"三"字，第三句的"飞"字，第四句的"高"字和第五句的"沉"字，都应该适当长吟。但是本节描写的内容是秋风怒号，屋顶茅草四散而去，安居之所转眼间被破坏，因此节奏点上的字和韵字不宜拖音。短音更能突出秋风"急"和"大"的特点，同时也能突出诗人看到大风破屋时内心的焦灼。吟诵时，起调要略高一点，吟诵过程中既要节奏分明、咬字清晰，也要注意速度略快，尤其是第四句和第五句，写的是茅草有的飞到树上，有的飞入水中，因此这两句的衔接要比其余句子更紧凑一些。第二小节的感情应该是消沉的，不仅包含诗人年老力衰、受"欺侮"的感觉，更有其对世事艰难、民生不易的慨叹。因此，吟诵时起调不宜太高，每句的韵字不宜拖得太长。吟诵此小节时，除韵字必长吟外，还应该注意到，"南村"句比较长，可以把"村"字长吟一拍，"童"字长吟半拍，就把长句吟诵的困难化解了，余下四句按照常规的要求吟诵即可。尾句"自叹息"节奏适当放慢，把诗人气喘吁吁的神态表现出来。

从"俄顷风定"以下八句为第二部分。"俄顷风定云墨色"句的节奏点很难确定，按照吟诵的节奏，应该在第二个字"顷"字上，但"顷"字不宜长吟，所以在此处只能长吟半拍，表示强调。同样，"秋天漠漠"句的节奏点也很难确定，"漠"字是入声，本来不能长吟，但"漠漠"是联绵词，联绵词的第二个字可以适当长吟，所以第二个"漠"字应该长吟半拍。"娇儿"句的节奏点在"儿"字上,但"踏"字在这里很重要,是表现"娇儿"性格特征的关键词,可长吟半拍。"长夜沾湿"句的节奏点在"长"字上,表现深秋、半夜、雨中的窘迫处境。此外,"何"字可适当长吟,将诗人的痛苦、无奈、对"娇儿"的关心都宣泄出来,也将这一部分的情感抒发到极致。

　　从"安得广厦千万间"到全诗的结束为第三部分,将诗人关心民生疾苦的伟大情怀表现得淋漓尽致。因此,这一部分的基调都应该是激昂、高亢,有豪迈气的。"安得"句的节奏点应该放在"得"字上,但"得"字是入声字,只能长吟半拍,将诗人的希望表达出来。"大庇"句长达九个字,不能有太多的节奏点,语速可适当加快,在"俱"字处适当长吟即可。"风雨不动安如山"的"雨"字可长吟半拍,"安"字也可以长吟半拍,"呜呼"二字都是平声字,在这里要抒发诗人强烈的感情,所以都应该长吟。"何时"句也是九字句,节奏点放在"时"字上,余下的七个字一气吟出即可。最后一句由于要收尾了,节奏应该适当放慢,吟诵时"庐"字可长吟一拍,"破""冻"和"死"字都可以长吟半拍,几乎是一字一顿,将诗人的爱心、期望、决心都吟了出来,"足"字无须长吟,就已经将吟者的情感和诗人的情感融为一体。

　　整首诗的吟诵基调由低到高,语速由缓转急,由对现实的不满到对理想的追求,都需要细细体味、认真把握,才能将诗人的情感表现出来。

17　白雪歌送武判官归京

(唐) 岑参

北风卷地白草[1]折,胡天[2]八月即飞雪。
忽如一夜春风来,千树万树梨花开。
散入珠帘湿罗幕,狐裘不暖锦衾薄。
将军角弓不得控[3],都护[4]铁衣[5]冷难着。
瀚海[6]阑干[7]百丈冰,愁云惨淡万里凝。
中军[8]置酒饮归客,胡琴琵琶与羌笛。
纷纷暮雪下辕门[9],风掣红旗冻不翻。
轮台[10]东门送君去,去时雪满天山路。
山回路转不见君,雪上空留马行处。

作者介绍

岑参(约715—770),江陵(今湖北荆州市荆州区)人。早岁孤贫,遍读经史。天宝年间中进士。曾两次出塞任职。回朝后,任右补阙、起居舍人等职。官至嘉州刺史,世称岑嘉州。

注释

[1]白草:一种牧草,秋天变白色。

[2]胡天:指西域的气候。

[3]角弓:以兽角为装饰的硬弓。控:拉弦。

[4]都护:官名。

[5]铁衣:护身铁甲衣。

[6]瀚海:大沙漠。

[7]阑干:形容纵横交错的样子。

[8]中军:主帅所在的军营。

[9]辕门:古代军营前以两车之辕相向交接,成一半圆形门,后遂称营门为辕门。

[10]轮台:轮台县,北庭都护府治所。

导读

这是一首咏雪送人之作。天宝十三载(754),岑参再度出塞,充任安西北庭节度使封常清的判官。武某或即其前任,岑参接任武判官之职,送武判官归京,并写下此诗。全诗以"雪"为线索,分为三个层次。前八句为第一层次,中四句为第二层次,最后六句为第三层次。

第一个层次又可以从两个方面分析。首四句写边塞八月降雪的奇异景象。"胡天"二字点明诗人所处的位置是边塞,只有八月的塞外才能有北风一吹大雪纷飞的景象。诗人以"春风"使梨花盛开,比拟"北风"使雪花飞舞,极为新颖贴切。"千树万树梨花开"的壮美意境,更富有浪漫色彩。接下来四句写室内的严寒,"狐裘""锦衾"都是御寒的佳品,但在凌厉的北风和漫天的大雪面前,也显得不那么暖和,以至于将军拉不开弓,穿不得铠甲。

第二个层次是写军中将领冒雪为武判官饯行。"瀚海阑干百丈冰"极写边塞的寒冷,但是在这么冷的情况下,将领们还是都来为武判官送行了,暗示武判官和军中将领感情之深厚,并为武判官能任满归京而高兴。胡琴、琵琶、羌笛都是唐时少数民族的乐器,饮酒时使用这些富有地域特色的乐器助兴,更显示出边塞的特点。

最后六句写诗人为武判官送行。送客送出军门,时已黄昏,又见大雪纷飞。路转峰回,行人消失在雪地里,诗人还在深情地看着雪上的马蹄印。这最后的一句写得极其动人,有"篇终接混茫"的效果。

总之,本诗以"雪"开始,以"雪"结束,以奇幻开篇,以深情收尾,语言明快,音韵铿锵,堪称佳作。

白雪歌送武判官归京

(唐)岑参

北风卷地白草折,胡天八月即飞雪。
忽如一夜春风来,千树万树梨花开。
散入珠帘湿罗幕,狐裘不暖锦衾薄。
将军角弓不得控,都护铁衣冷难着。
瀚海阑干百丈冰,愁云惨淡万里凝。
中军置酒饮归客,胡琴琵琶与羌笛。
纷纷暮雪下辕门,风掣红旗冻不翻。
轮台东门送君去,去时雪满天山路。
山回路转不见君,雪上空留马行处。

吟诵提示

这是一首七言古诗,全诗共十八句,以壮观多变的雪景,纵横矫健的笔力,开阖自如的结构,抑扬顿挫的韵律,准确、鲜明、生动地创造出美好的意境。感情基调积极乐观、昂扬奋发,吟诵时起调应该稍微高一些。

吟诵本诗应该按照吟诵七言古诗的要求,每四句为一个乐章,回环反复。最后六句处理时,前三句与前面一样吟诵,第四句吟诵时结尾三个字不用延长,按正常的节奏吟诵,领起五、六句的吟诵。五、六句按照第三句的曲调降半个高度吟诵即可。

吟诵此诗,除韵字必须长吟外,各句没有固定的节奏点,只能根据诗句的实际情况确定,而且每一句不一定只有一个节奏点,可能有两个节奏点。具体分析如下:第一句的节奏点在"风"字上,第二句在"天"字和"飞"字上各长吟半拍。第三句在"如"字上长吟,第四句在"千"字和"梨"字上都可以长吟。第五句在"帘"字处长吟,第六句的"裘"字可以长吟,第七句的"军"字和第八句的"衣"字都可以长吟。第九句的"干"字、第十句的"云"字和第十一句的"军"字都在节奏点上。第十二句的"胡"字和"羌"字都可以长吟,"琵琶"是双声词,双声叠韵及联绵词的第二个字一般都可以长吟,此句已经有两处长吟了,所以"琶"字长吟半拍为宜。第十三句的第二个"纷"字、第十四句的"旗"字都可以长吟。第十五句的"台"字在节奏点上,但是"君"字是本诗抒情的对象,所以可以适当长吟。第十六句的"天山"二字本来都可以长吟,但为了领起最后两句,所以"天山"只能长吟半拍。第十七句的"回"字在节奏点上,第十八句的"留"字长吟半拍,"行"字长吟一拍,"处"字是去声字,但是在这里是一句的结尾,更是全诗的结尾,所以应该长吟。

总之,吟诵本诗有一定的难度,但是只要掌握了诗的感情脉络、用韵特点及平仄规律,吟诵好还是不成问题的。

18　酬乐天扬州初逢席上见赠

(唐)刘禹锡

巴山楚水[1]凄凉地，二十三年[2]弃置身。
怀旧空吟闻笛赋[3]，到乡翻似烂柯人[4]。
沉舟侧畔[5]千帆过，病树前头万木春。
今日听君歌一曲[6]，暂凭杯酒长[7]精神。

作者介绍

刘禹锡(772—842)，字梦得，洛阳(今属河南)人，贞元进士，中唐杰出的政治家、哲学家、诗人和散文家。刘禹锡曾任太子宾客，世称"刘宾客"。白居易赞其"彭城刘梦得，诗豪者也"，故刘禹锡有"诗豪"之誉。刘禹锡与白居易并称"刘白"，与柳宗元并称"刘柳"。

注释

[1]巴山楚水：此处泛指作者被贬谪居之地。
[2]二十三年：指刘禹锡从被贬出京至回京的时间。
[3]闻笛赋：指西晋向秀的《思旧赋》。西晋时，嵇康因不满掌握政权的司马氏集团而被杀，向秀经过亡友旧居，听见邻人吹笛，不胜悲叹，乃作《思旧赋》以示悼念。
[4]翻似：倒好像。翻，副词，表转折，相当于"反而"。烂柯人：指晋人

王质。相传王质进山砍柴,见两童子下棋,便停下观看。棋局终了,手中的斧柄已经朽烂,回村才知道已经过去了一百多年。

[5]侧畔:旁边。

[6]歌一曲:指白居易的《醉赠刘二十八使君》。

[7]长(zhǎng):增长,振作。

导读

此诗是古代酬赠诗中的名篇。唐敬宗宝历二年,刘禹锡罢和州刺史,回归洛阳。同时罢苏州刺史任的白居易也从苏州归洛,两位诗人相逢在扬州。宴席上,白居易吟诗《醉赠刘二十八使君》相赠。诗中在称赞刘禹锡才气和名望的同时,对其被贬谪的不幸命运表示了同情和叹惋。刘禹锡便写了《酬乐天扬州初逢席上见赠》作酬答。

诗作紧承白诗"亦知合被才名折,二十三年折太多"的话头,抒发自己谪居荒凉之地的无限慨叹。巴山楚水在唐人看来都是非常荒远的地方,自己在那荒凉之地竟然整整生活了二十三年,贬谪时间之长、谪守地域之荒远都是很罕见的,所以前两句便道出诗人的满腔苦水。诉苦只能找与自己有共同遭遇、惺惺相惜之人。前两句虽是诉说自己的遭遇,也暗含诗人对境遇相仿的好友白居易的理解与慰藉,大有"同是天涯沦落人"之叹。颔联连用两个典故,感慨老友故去,世事变迁,此番归来已恍若隔世。二十三年置于悠悠历史长河,如白驹过隙,转瞬即逝。但对于一个人,尤其是身处困苦、饱受煎熬之人来说,却是无比漫长的。其间有多少人耗尽一生却壮志难酬,最终含恨离世!作者笔端饱蘸遗憾与感伤,既是在悼念故人,亦是在自悼。但向命运低头、向恶势力屈服绝非刘禹锡之品性。颈联情感陡转,一洗伤感低沉情调,尽显慷慨激昂的气概。诗人以"沉舟""病树"自喻,沉舟侧畔,千帆竞发,病树前头,万木皆春。诗人本意是说,自己虽已被"弃置",难有作为,但年青一代正在茁壮成长,后生可畏,惆怅之中更显通达。此二句成为千古传诵的名句,并被后人赋予新事物必将代替旧事物的新意义。尾联顺势而下，点明酬赠题意，既感谢友人的关怀与理解，又与之共勉，表现出坚忍不拔的乐观精神，沉郁之中更见豪放。

酬乐天扬州初逢席上见赠

(唐)刘禹锡

巴山/楚水凄凉地，二十三年/弃置身。
怀旧空吟/闻笛赋，到乡/翻似烂柯人。
沉舟/侧畔千帆过，病树前头/万木春。
今日听君/歌一曲，暂凭/杯酒长精神。

吟诵提示

这是一首规范的七言平起律诗，根据吟诵格律诗的要求，各句停顿处分别是第一句的第二个字，第二句的第四个字，第三句的第四个字，第四句的第二个字，第五句的第二个字，第六句的第四个字，第七句的第四个字，第八句的第二个字以及韵字。简而言之，即二四四二二四四二及韵字。

刘禹锡因参加永贞革新被贬到偏远荒凉之地，虽精神上时有苦闷烦恼，但他的诗作大都简洁明快，格调俊朗，有慷慨豪迈之气。此诗虽是感慨自己和友人的不幸遭遇，但是沉郁之中不乏豪迈，感叹之中亦有欢欣。所以这首诗的感情基调应该是沉郁、感慨、豁达。

首联承接白居易的"二十三年折太多"，回忆自己身居巴山楚水荒凉之地长达二十三年的苦难生活,所以起调绝不能高,中等偏低为宜。"凉"字是平声字,又是在第六个字的位置上,可以适当长吟,把诗人的辛酸、苦闷都宣泄出来。"年"字在节奏点上,"身"是韵字,都应长吟,把漫长的贬谪生活表现出来。

颔联写诗人此番返回故里,感到物是人非,恍如隔世,故连用两个典故抒发内心的感慨,情绪自然更为低沉,语调更为凝重,语速更为缓慢。吟诵此二句时,除节奏点和韵字长吟之外,"闻"和"柯"二字都可以适当长吟,以表达诗人回到家乡后,看到许多友人都已谢世的惆怅和左迁时间太久的愤慨,所以吟诵时绝不能有喜悦、兴奋之感。

颈联是千古名句,诗人以乐观的情绪回应了白居易为自己贬谪多年虚度年华的同情,表现出诗人不以一己之遭遇而忧伤的豪迈情怀。自己虽然沉寂多年,但其间有许多优秀的人才脱颖而出,"沉舟"没阻碍千帆竞发,"病树"不影响万木发芽,何等开朗豪迈!吟诵此二句,语调可以提升一些,语速适当加快,才能把诗人的豪放之情表现出来。除去节奏点上的字需长吟外,"千"字适当长吟,把千帆竞发的场面表现出来。"木"字虽然是入声字,但它在第六个字的位置上,稍长吟,意在把春风拂煦下万木复苏的情景表现出来。特别要注意的是,韵字"春"不可吟得太长,否则会影响下一句的吟诵。

尾联顺势而下,表明诗人要借友人的劝慰,抖擞精神,投入到新的生活中去。因此,吟诵此二句,语调不能高于颈联,语速也不能超过颈联。除去节奏点上的字和韵字,"歌""杯"二字都可以适当长吟,以表达诗人对友人的感激之情。"精"字处可以换口气,稍作停顿,为结束全诗的吟诵做准备。

总之,吟诵此诗要关注诗人感情的变化,首联起得不宜过低,否则颔联就无法吟诵。吟诵颈联时不宜转得过猛,否则前后的音调就会失调。尾联顺势而下,自然圆润最好。

19　卖炭翁

（唐）白居易

卖炭翁，伐薪烧炭南山中。
满面尘灰烟火色[1]，两鬓苍苍十指黑。
卖炭得钱何所营[2]？身上衣裳口中食。
可怜身上衣正单，心忧炭贱愿天寒。
夜来城外一尺雪，晓驾炭车辗[3]冰辙。
牛困人饥日已高，市南门外泥中歇。
翩翩[4]两骑[5]来是谁？黄衣使者白衫儿[6]。
手把文书口称敕[7]，回车叱牛牵向北。
一车炭，千余斤，宫使驱将惜不得[8]。
半匹红绡一丈绫[9]，系向牛头充炭直[10]。

作者介绍

白居易(772—846)，字乐天，晚年号香山居士，原籍太原，后迁居下邽（今陕西渭南北）。贞元年间进士，曾任左拾遗、江州司马等职，中唐著名诗人，倡导新乐府运动，主张"文章合为时而著，歌诗合为事而作"。《新乐府》《秦中吟》是其讽喻诗的代表作，《长恨歌》《琵琶行》为长篇叙事诗中较为优秀的两篇。其诗歌内容浅俗易懂，语言清新自然。白居易与元稹并称"元白"，与刘禹锡并称"刘白"。

注释

[1] 烟火色：被烟熏的脸色。此处突出卖炭翁的辛劳。

[2] 何所营：做什么用。营，经营，这里指谋求。

[3] 辗(niǎn)：同"碾"，碾轧。

[4] 翩翩：轻快洒脱的情状。这里形容得意忘形的样子。

[5] 骑(jì)：骑马的人。

[6] 黄衣使者：指皇宫内的太监。白衫儿：指太监手下的爪牙。

[7] 敕(chì)：皇帝的命令或诏书。

[8] 惜不得：舍不得。惜，舍。得，能够。

[9] 半匹红绡一丈绫：唐代商务交易，绢、帛等丝织品可以代货币使用。当时钱贵绢贱，半匹纱和一丈绫与一车炭的价值相差很远。这是官方用贱价强夺民财。

[10] 直：通"值"，价格。

导读

白居易在《新乐府》中每首诗的题目下面都有一个短序，说明写这首诗的主旨。《卖炭翁》的短序主旨是"苦宫市也"，就是要反映宫市制度给人民造成的痛苦。

这是一首叙事诗，按照事件发展的先后顺序，可分为四节，前四句为第一节，是卖炭翁的肖像描写。"满面尘灰""两鬓苍苍十指黑"，这里既描写了老人的肖像，也反映了老人生活的窘迫和烧炭的艰辛。接下来的八句为第二节，写老人对卖炭的期望。在老人看来，他的衣食全寄托于炭上，希望卖炭能卖出一个好价钱，所以"心忧炭贱愿天寒"。天遂人愿，夜来一场大雪，平地积雪达一尺，老人不顾饥寒交迫，赶着牛车去长安南门卖炭了。"翩翩两骑"以下四句为第三节，写宦官无理地将老人的一车炭拉走。这里

"翩翩两骑""黄衣使者白衫儿"是宦官的形象,与前面老人的形象形成鲜明对比。"手把文书口称敕,回车叱牛牵向北",诗人批判的矛头直指不合理的宫市制度。最后四句为第四节,为诗人对此事的议论。白居易《新乐府》五十首诗都是这样的体例,在叙事的结尾发几句评论。一车千余斤供不应求的炭,换来此时毫无用处的"半匹红绡一丈绫",显然是不等值的交换,事实上就是巧取豪夺。

本诗透过对宫市制度的揭露和批判,反映了唐代劳动人民生活的辛酸和悲苦,在卖炭这一件小事上映射出了当时社会的黑暗和不公。今天读来,仍能感受到诗人内心的愤愤不平。

卖炭翁

(唐)白居易

卖炭翁,伐薪烧炭南山中。
满面尘灰烟火色,两鬓苍苍十指黑。
卖炭得钱何所营?身上衣裳口中食。
可怜身上衣正单,心忧炭贱愿天寒。
夜来城外一尺雪,晓驾炭车辗冰辙。
牛困人饥日已高,市南门外泥中歇。
翩翩两骑来是谁?黄衣使者白衫儿。

手把文书口称敕，回车叱牛牵向北。
一车炭，千余斤，宫使驱将惜不得。
半匹红绡一丈绫，系向牛头充炭直。

吟诵提示

这是一首新乐府诗，用韵没有一定的规律，都是根据需要选择韵脚，因此吟诵此诗时应该特别注意全诗的用韵。

第一句只有三个字，因此韵字"翁"可以适当长吟，与下一句自然衔接。第二句的"薪"字和"山"字可各长吟半拍。第三句的"面"是仄声字，本来不宜长吟，但在这里为了强调老人面容憔悴，从而表现老人烧炭不易，可长吟半拍。同样的道理，第四句的"两"字虽为上声，亦可长吟半拍，但是，"苍苍"是平声，又是联绵词，因此第二个"苍"字可以长吟半拍。第五、六、七句吟诵时按照规则吟诵即可。第八句的"心"字和"愿"字各长吟半拍，将诗人对老人的同情表现出来。第九、十两句按照规则吟诵即可。第十一句"困"字长吟半拍，在"饥"字处适当停顿一下，"高"字长吟半拍，将老人生活的窘迫都表现出来。第十二句的"市"字和"泥"字各长吟半拍，使气氛有所缓和，为全诗最后的悲剧结尾做铺垫。第十三、十四、十五三句按照规则吟诵即可。第十六句的"车"字、"牵"字长吟半拍。吟诵这四句时语速可适当放快一些，将宫使根本不与老人商量，牵着牛就走的蛮横无理的形象生动地表现出来。最后四句是诗人用于抒情的句子，表现对卖炭老人的同情、对宫市制度的不满，因此语速要适当放慢。尤其是最后一句，"头"字和"充"字都应该长吟，将诗人的同情、愤懑都抒发出来。

总之，掌握这首诗的吟诵曲调不难，但把握诗人思想感情的变化还是有一定难度的。因此，我们要仔细揣摩诗人的情感走向，才能准确地吟诵这首诗。

20　钱塘湖春行

（唐）白居易

孤山寺北贾亭西[1]，水面初平云脚低[2]。
几处早莺争暖树[3]，谁家新燕啄春泥。
乱花[4]渐欲迷人眼，浅草才能没[5]马蹄。
最爱湖东行不足[6]，绿杨阴里白沙堤[7]。

注释

[1]孤山：在西湖的后湖与外湖之间，因与其他山不相接连，故称孤山，上有著名的孤山寺。贾亭：一名贾公亭。《唐语林》卷六记载，唐代贞元中，贾全出任杭州刺史时，在西湖建造此亭。白居易作此诗时，贾亭尚在。

[2]水面初平：春水初涨，略与堤平。云脚低：白云低垂，与湖水相连。

[3]暖树：向阳的树。

[4]乱花：纷繁的春花。

[5]没(mò)：遮盖。

[6]不足：不够。足，满足。

[7]白沙堤：白堤，又称沙堤或断桥堤。西湖三面环山，白堤中贯，在湖东一带，可总览全湖之胜。

导读

本诗是白居易任杭州刺史时所作。诗作紧扣环境和季节特征,把西湖早春的明媚风光描绘得生机盎然,抒发了诗人的喜悦之情。

首联从大处落笔,写诗人行经孤山寺和贾亭时远眺到的湖光天色。春水初涨,白云低垂,平静的湖面、悠悠的云朵,给人以静谧之感。此二句用笔看似平淡,实则极为高妙。第一句是写西湖的平面景色,左右景物一望无际;第二句是写西湖的立体景色,上下天光尽入眼底,令人心胸豁然开朗。

颔联则是落笔于微观和动态,重点写了春天的莺、燕。莺是春的歌手,燕是春的信使,皆为春天的象征。"几处早莺""谁家新燕"勾画出初春时节偶然见到的欣喜景象。"争""啄"二字生动地描摹出莺燕灵动的飞行、叽叽喳喳的鸣叫,使人感受到春天的活力和大自然的复苏。动静之间,一派蓬勃生机。

颈联写花草,又从动态回到静态,着重描写诗人的直观感受。唐时,西湖上骑马游春的风俗极盛。马儿轻踏嫩绿的浅草,游人骑马观花,自然有心旷神怡之感。诗人对西湖的感受不是停留在眼前的情景,而是由眼前想到了明天。"乱花渐欲迷人眼",说明此时"乱花"尚未"迷人眼";"浅草才能没马蹄",说明春草还很短,此时的西湖已经如此秀美,到百花盛开、姹紫嫣红之时,将更是令人流连忘返了。

一首好的写景诗,不在于景物的穷形尽象,而在于寓情于景、情景交融。要达到这一境界,必须有人的出现。故诗人在尾联中直抒胸臆,尽情地陶醉于这美好的湖光山色之中。诗人此时任杭州太守,能在繁忙的公务之余欣赏美丽的自然风光,说明治下是一片升平;"乱花""浅草""绿杨"说明雨水充足、丰收在望,诗人自然可以漫步白沙堤,尽情地享受新春的美景。

全诗即景寓情,自然清丽,全无斧凿痕迹,写出了大自然之美给予诗人的集中而饱满的感受。

钱塘湖春行

(唐) 白居易

孤山 / 寺北贾亭西，水面初平 / 云脚低。
○○　●●○△　　●●○○　○●△

几处早莺 / 争暖树，谁家 / 新燕啄春泥。
●●○○　○●●　　○○　○●●○△

乱花 / 渐欲迷人眼，浅草才能 / 没马蹄。
●○　●●○○●　　●●○○　●●△

最爱湖东 / 行不足，绿杨 / 阴里白沙堤。
●●○○　○●●　　●○　○●●○△

吟诵提示

这是一首标准的平起七言律诗，按照吟诵格律诗的要求，各句的节奏点应该是第一句的第二个字，第二句的第四个字，第三句的第四个字，第四句的第二个字，第五句的第二个字，第六句的第四个字，第七句的第四个字，第八句的第二个字及韵字。简而言之，即二四四二二四四二及韵字。

本诗是白居易著名的写景诗之一，全诗写了十多种景物，以自然清丽的笔触将杭州初春的美景展现在读者面前，令人为之陶醉，为之惊叹。此诗的情感基调是轻松、喜悦的，吟诵时切忌高亢激昂，更不宜沉闷忧伤。

吟诵首联时起调中等稍微偏高即可，除节奏点上的字及韵字长吟之外，"亭"字和"云"字也可以适当长吟。通过轻松愉悦的长吟，孤山、孤山寺、贾亭、湖水、白云自然呈现在我们面前，情景交融的意境也自然呈现在我们面前。

颔联的吟诵除节奏点上的字必须长吟外,"争"字可以适当长吟,把小鸟叽叽喳喳、挤来挤去的神态表现出来;"新""春"二字也可以适当长吟,有利于强化"春行"的主题。但是"新"和"春"的长吟不能相同,如果"春"字长吟一拍,那么"新"字只能长吟半拍,否则就显得拖拖拉拉了。

　　颈联俯视西湖的花草,花是"乱花",草是"浅草",吟诵时要悠扬一些,仿佛置身在西湖旁边一样。除节奏点上的字之外,"迷"字是平声字,又在第五个字的位置上,可通过适当长吟将诗人为西湖美景所陶醉的心态表现出来。"浅草"之后用"才能"一词来突出春草的矮小。为配合诗人情感的抒发,"马"字可以长吟 1/4 拍。

　　尾联吟诵时语速要放缓慢,把诗人边走边吟诵的神态表现出来;语调要更为轻松愉悦,仿佛自己正漫步白沙堤一般。除节奏点上的字必须长吟之外,"行"字可适当长吟,把诗人喜欢西湖,沉醉于西湖边漫步的神态表现出来。"阴"字也可适当长吟,把杨树已郁郁成荫的意境表现出来,再次点出"春行"的主题。

　　总之,吟诵这首诗的难度不是很大,本诗的情感基调也很容易掌握,把静态与动态的景象表现出来是吟诵的关键。建议在深入理解全诗的情感、意境及文化背景的基础上,通过语速的快慢、音调的高低以及气韵的短长和婉转变化,把诗人的感情和诗篇的意境更好地表现出来。值得注意的是,本诗共九个入声字,如果能将入声字的跳跃感吟出,诗中蕴含的欢快之情便跃然纸上了。

21　雁门[1]太守行

(唐)李贺

黑云压城城欲摧[2],甲光向日金鳞开[3]。
角[4]声满天秋色里,塞上燕脂凝夜紫[5]。
半卷红旗临易水[6],霜重鼓寒声不起[7]。
报君黄金台[8]上意,提携玉龙为君死[9]。

作者介绍

李贺(790—816),字长吉,唐朝贵族郑王的后裔,出生在河南福昌(今河南宜阳西)。他的诗新奇瑰丽,想象力很丰富,浪漫主义色彩非常浓厚,在唐诗中别具一格,并喜用奇特字句来表达诗意,严羽《沧浪诗话》称之为"李长吉体"。诗人只活了二十多岁,被后世称为"诗鬼"。

注释

[1]雁门:古郡名。
[2]黑云:比喻敌军。摧:毁,毁坏。
[3]甲光:铠甲迎着太阳闪出的光。金鳞:形容铠甲闪光如金色鱼鳞。开:发光。
[4]角:古代军中的号角,多用兽角制成。
[5]塞上燕脂凝夜紫:夜色中塞上泥土有如胭脂凝成,浓艳得近似紫

色。长城附近多紫色泥土,所以叫作"紫塞"。燕脂,即胭脂,深红色。这里写斜晖掩映下,紫色更浓,塞上泥土有如胭脂。

[6]临:抵达。易水:水名,在今河北西北。战国时荆轲去刺秦王,燕太子丹及众人曾送至易水边作别。

[7]声不起:声音不响,这里形容鼓声低沉。

[8]黄金台:故址在今河北易县。相传战国时燕昭王在易水东南筑台,上面放着千金,用来招揽人才。

[9]玉龙:宝剑的代称。君:皇帝。

导读

《雁门太守行》是乐府古题。后人多用题面意思,写边塞征战之事。李贺生活的时代藩镇叛乱此起彼伏,从有关《雁门太守行》的一些传说和材料记载推测,这首诗可能是写平定藩镇叛乱的战争。

第一句着重写敌军如黑云般压向城垣,"压"字夸张地揭示出敌军来势凶猛、守军将士处境堪忧的艰难局面。第二句与敌军对比,描写城内守军披坚执锐、严阵以待,日光映照甲衣,金光闪闪,耀人眼目。第三、四句分别从听觉和视觉角度铺写黯然凝重的战地气氛。秋色萧飒,"角声满天",渲染出浩大苍凉的战争规模。胭脂般殷红的血迹将暗夜的塞土染成了紫色,衬托出将士浴血厮杀仍寡不敌众的悲壮场景,从而为救援军队的出场做必要铺垫。第五、六句"半卷"二字反映了援军夜袭敌营,"出其不意,攻其不备"的机警谋略;"临易水"既实写交战地点,又暗合"风萧萧兮易水寒,壮士一去兮不复还"的悲壮豪情。军队欲击鼓助阵,怎奈露重霜寒,战鼓难以擂响。但即使困难重重,将士们仍不气馁,最后两句引用战国燕昭王馈金纳贤的典故,写出将士们誓死报效朝廷的决心。

整首诗用色秾艳,造境奇诡,情思蕴藉,浑然天成。

雁门太守行

(唐)李贺

黑云 压 城／城 欲 摧，甲 光／向 日 金 鳞 开。
● ○ ● ○ ● △ ● ○ ● ○ ○ △

角 声／满 天 秋 色 里，塞 上 燕 脂／凝 夜 紫。
● ○ ● ○ ○ ● ▲ ● ● ○ ○ ○ ● ▲

半 卷 红 旗／临 易 水，霜 重 鼓 寒／声 不 起。
● ● ○ ○ ○ ● ▲ ○ ● ● ○ ○ ● ▲

报 君／黄 金 台 上 意，提 携 玉 龙／为 君 死。
● ○ ○ ○ ○ ● ● ○ ○ ● ○ ● ○ ▲

吟诵提示

这是一首七言古体诗。与七言律诗的节奏有所不同,吟诵停顿处是第一句的第四个字,第二句的第二个字,第三句的第二个字,第四句的第四个字,第五句的第四个字,第六句的第四个字,第七句的第二个字,第八句的第四个字及韵字。

这首诗的用韵是先押平声韵,后押仄声韵。第一、二句"摧""开"两个平声韵,略显开朗,吟诵时起调略高一些,方能把诗人的情感表现出来。古体诗的仄声韵,一般是上、去不通押的。第三、四、五、六、八句"里""紫""水""起""死"五个上声韵,显得沉闷;第七句的"意"是去声,不是韵字。仄声韵的使用使这首诗格调分外凄凉、悲壮、惨烈、秾丽。吟诵时平声韵长吟,仄声韵略微长吟。

第一句第一个"城"字长吟,表现兵临城下战争之前的寂静场景,第二个"城"字声音要短,表现"城欲摧"的紧迫感。第二句的"光""开"二字要长吟,表现铠甲迎着太阳闪闪发光的情景。第三句的"声"字长吟,声音略高,表现军号吹响之意;"秋"字加重语气,强调时令节气,暗示秋高马肥,正是异族用兵的时候。第五句的"旗"字长吟,表现大风卷旗之意,"临"字加重语气,给人以身临其境的感觉。第六句的"寒"字长吟,突出将士顶风冒寒的艰苦;"声"字也可长吟,声音略低,表现鼓寒声小之意。第七、八句的两个"君"字都要长吟,第二个"君"字声音略高,显示视死如归的决心。吟诵时要庄严肃穆,节奏适中,声音响亮,才能和诗的意境相符。

　　总之,这首诗的吟诵略有难度。一是要把握好诗人的感情变化,二是要注意韵字的长吟。注意到这两点,吟诵方能真正做到声情并茂。

22　赤　壁

(唐)杜牧

折戟沉沙[1]铁未销,自将磨洗认前朝。
东风[2]不与周郎[3]便,铜雀春深锁二乔[4]。

作者介绍

杜牧(803—853),字牧之,号樊川,京兆万年(今陕西西安)人。大和年间进士,曾任湖州刺史、中书舍人等职,晚唐著名诗人。杜牧擅长七绝,诗风明丽疏朗,豪迈劲健,艺术成就很高,与李商隐齐名,世称"小李杜"。

注释

[1]折戟沉沙:断了的戟没入沙中。戟,一种兵器。
[2]东风:东吴欲火攻西面的曹营,需要借助东风。
[3]周郎:周瑜,吴军统帅。
[4]二乔:吴国两个美女,大乔嫁给了孙策(孙权之兄),小乔嫁给了周瑜。

导读

汉献帝建安十三年(208)十月,曹操大举进军东吴,孙、刘联手击败了曹操,这就是历史上著名的赤壁之战。赤壁之战是对三国鼎立历史格局的形成起决定性作用的一次重大战役。诗人借观赏古战场的遗物对赤壁之战发表了独特的看法。

"折戟沉沙铁未销,自将磨洗认前朝",写诗人漫步在赤壁古战场,偶然拾得一支折断了的武器,打磨清洗之后看出是前人使用过的铁戟,于是诗人浮想联翩,想到这里曾经是古战场,由赤壁的地点想到著名的赤壁之战,一连串意识流的叙述,为后两句论史抒怀做了铺垫。

"东风不与周郎便,铜雀春深锁二乔"是久为人们传诵的千古名句,前人评述甚多,多以为诗人的意思是周瑜的才能比不上曹操,如果不是一场来得及时的东风,东吴政权将彻底覆灭。其实此二句的高妙之处有三:一是一般人评论赤壁之战,多言孙、刘大胜曹操是何等的光彩,杜牧反其言而论之,提出如果不能战胜曹操,结果将是何等的残酷,从表面上看是很扫兴,但这个含义更为深刻。二是诗人认为是孙权任用周瑜,再加上适时来的东风,成就了周瑜的伟业。光有周瑜没有东风不行,光有东风没有周瑜更不行,有东风、有周瑜但没有孙权还是不行。三是诗人认为自己是"知兵"的,可惜生不逢时,不能施展自己的军事才能,只要有机遇,自己也将有所作为。总之,这首咏史诗含蓄深幽,值得玩味。

赤　壁

(唐)杜牧

折戟沉沙／铁未销,自将／磨洗认前朝。

东风／不与周郎便,铜雀春深／锁二乔。

吟诵提示

这是一首七言仄起绝句,按照吟诵格律诗的要求,各句停顿处应是第一句的第四个字,第二句的第二个字,第三句的第二个字,第四句的第四个字和韵字。简而言之,即四二二四及韵字。

本诗的主题是抒发怀古幽情,起调不宜过高,中等即可。第一句入韵,节奏点"沙"稍长吟,韵字"销"音值更长一些,"铁"字加重,表现出历史的久远、岁月的流逝。第二句"将"为节奏点,"朝"为韵字,适当拖长音值,"磨"字声音适当拉长,思绪伴随着慢慢的"磨洗"过程陷入深深的感怀之中。第三句除节奏点外,"不"字要短促、有力,凸显诗人独特的反向思维。末句"深""锁"二字声音加重、拉长,"乔"是尾韵,吟诵时要做到气足声长,让读者对战争胜败所带来的后果产生无限遐想。

23　泊秦淮

（唐）杜牧

烟笼寒水月笼沙,夜泊秦淮[1]近酒家。
商女[2]不知亡国恨,隔江犹唱后庭花[3]。

注释

[1]秦淮:秦淮河,长江下游支流,穿过金陵而入长江。当时秦淮河两岸酒家林立,为官宦商贾寻欢作乐之所。

[2]商女:歌女。

[3]后庭花:《玉树后庭花》的简称,南朝陈后主所作,后世多称其为"亡国之音"。

导读

杜牧泛舟秦淮河上,听见歌女唱《玉树后庭花》,想到当年陈后主创作此曲,沉湎于声色之中,导致亡国。现在这些歌女还在传唱这靡靡之音,实在令人感慨。

第一句写景,青烟、寒水、明月、白沙,由两个动词"笼"字巧妙地组合起来,融合成一幅朦朦胧胧的水色夜景,给人以清冷、荒凉和孤独寂寞之感。第二句叙事,时间是晚上,地点是秦淮河上,再具体一点是"酒家"旁边。秦淮河一带在当时是著名的娱乐场所,酒家林立,诗人言"近酒家"实乃为下面的抒情做铺垫。

　　第三、四句感怀,"商女不知亡国恨,隔江犹唱后庭花",从表面上看诗人批判的是"商女",实际是另有所指。因为"商女"是卖艺的歌妓,不可能知道什么是靡靡之音、什么是亡国之音,也不能决定国家的前途命运,而且"商女"唱什么不是自己决定的,而是由来这里享受声色的达官贵人决定的,所以诗人批判的矛头是那些不关心国家前途、沉湎于酒色生活的达官贵人。陈后主当年创作《玉树后庭花》,最终国家灭亡、江山易主;今天这些歌女依然唱《玉树后庭花》,岂非亡国之兆?"犹唱"二字将历史与现实巧妙地联系起来,勾魂摄魄,委婉深沉。清代评论家沈德潜推崇此诗为"绝唱",确为至评。

泊秦淮

（唐）杜牧

烟笼／寒水月笼沙,夜泊秦淮／近酒家。
○　○　　●　　○　△　　○　○　　●　●　△

商女不知／亡国恨,隔江／犹唱后庭花。
○　●　●　　○　●　●　　●　○　　○　●　●　○　△

吟诵提示

　　这是一首标准的平起七言绝句,按照格律诗的吟诵规律,各句停顿处是第一句的第二个字,第二句的第四个字,第三句的第四个字,第四句的第二个字及韵字。简而言之,即二四四二及韵字。

　　这首借古讽今的讽喻诗,感情基调应该是哀伤而又隐含愤慨之情。起调不宜过高,第一个"笼"字在节奏点上,稍长吟,"沙"为韵字,首句入韵,因此全句吟诵速度不能快。本句所有的景色俱为"笼"所囊括,因此第二个"笼"字虽不是节奏点,但为与前一个"笼"字相照应,吟诵时音值略放长。第二句中"淮"为节奏点,"家"是韵字,均应长吟。第一、二句吟诵时要柔和舒缓,把江南景色的柔美与作者对这番美景的怜爱用声音准确表达出来。第三句情感猛一转折,声音要压沉,悲慨之气顿出。"不知"要突出,"不"为入声字,语气加重,"知"字在节奏点上,声音拉长。"亡国恨"每个字音都要加重语气:"亡"字是平声字,又在第五个字的位置上,可适当长吟;"国"是入声字,"恨"为仄声字,所以这两个字都要极为短促地吟,表现出诗人对无知"商女"的责备口气。尾句"江"字是节奏点,"花"为韵字,均应长吟。"犹唱"二字加重,表面的浮华反衬出国势的危难,诗人的悲愤之情于"犹"字间宣泄而出。

24　夜雨寄北

(唐)李商隐

君[1]问归期未有期,巴山夜雨涨秋池[2]。
何当[3]共剪西窗烛,却话[4]巴山夜雨时。

作者介绍

李商隐(约813—约858),字义山,号玉谿生,怀州河内(今河南沁阳)人,开成二年(837)进士,因受牛李党争影响,仕途不顺,潦倒终身。李商隐是晚唐著名诗人,与杜牧齐名,并称"小李杜",与李白、李贺合称"三李"。他的诗歌构思新奇,情致婉曲,尤其是一些爱情诗写得缠绵悱恻、优美动人。

注释

[1]君:指作者的妻子。
[2]巴山:今四川、陕西、湖北交界处的大巴山。这里泛指四川东部的山。秋池:秋天的池塘。
[3]何当:何时。
[4]却话:回忆、追溯过去时再谈起。却,还,再。

导读

本诗是诗人在梓州幕府时寄赠远在长安的妻子的一首绝句。第一句说写作此诗的缘由。妻子来信问诗人什么时候回去,诗人说还不知道。"未有期"抒发了诗人孤寂的心情和对妻子的深深怀念。"巴山夜雨涨秋池",从表面上看,是连绵的秋雨阻碍了自己的归程,实际上是抒发了官差不自由的懊恼心情。后两句设计了两个异时异地的场景"剪烛西窗"和"巴山夜雨",是从现实到期望的展示。诗人认为,来日与妻子重逢,秉烛长谈,细说今日彼此相思之苦,也是一桩趣事。以来日重逢、促膝谈心之欢,反衬今夜的孤独寂寞之苦,更令人感到相思之苦,同时也更为诗人对妻子真挚的爱而感动。诗篇结构精巧,感情深婉,含蓄隽永,前人评价此诗为"玉谿集中第一流也",所言不虚。

夜雨寄北

(唐) 李商隐

君问归期／未有期,巴山／夜雨涨秋池。
〇 ● 〇 〇 ● ● △ 〇 〇 ● ● ● △

何当／共剪西窗烛,却话巴山／夜雨时。
〇 〇 ● ● 〇 〇 ● ● ● 〇 〇 ● ● △

吟诵提示

这首诗为仄起七言绝句,按照吟诵格律诗的规则,各句停顿处是第一句的第四个字,第二句的第二个字,第三句的第二个字,第四句的第四个字及韵字。简而言之,即四二二四及韵字。

这首遥寄思念的抒情诗,感情基调趋于孤寂低沉。第一句两个"期"字,一个是节奏点,一个是韵字,音值稍长,语气稍重,一问一答;"未"字加重,表达出诗人归期难定的怅惘之感。第二句"山"是节奏点,"池"是韵字,音值均拉长,全句语速放慢,吟出山长水阔、路遥难归的孤寂感。第三句"何当"适当长吟,表现出诗人希望与遥寄之人相聚的热切期盼;"烛"是入声字,但在句尾,因此可适当加长音值,但不可拖泥带水。尾句"山"是节奏点,"时"是韵字,要吟得慢、长,与前景相映衬,仿佛诗人已与思念之人相对灯下,互诉衷肠。

25 无 题[1]

(唐)李商隐

相见时难别亦难,东风无力百花残。
春蚕到死丝方尽[2],蜡炬成灰泪始干[3]。
晓镜但愁云鬓改[4],夜吟[5]应觉月光寒。
蓬山[6]此去无多路,青鸟[7]殷勤为探看。

注释

[1]无题:唐代以来,有的诗人不愿意标出能够表示主题的题目时,常用"无题"作诗的标题。

[2]丝方尽:"丝"与"思"是谐音字,以"丝"喻"思",含有相思的意思。

[3]蜡炬:蜡烛。泪:指蜡烛燃烧时的油,这里取双关义,指相思的眼泪。

[4]晓镜:清晨照镜。云鬓改:指头发由黑变白。

[5]吟:指吟诗。

[6]蓬山:蓬莱山,传说中的海上仙山,比喻被怀念者住的地方。

[7]青鸟:神话中为西王母传递音讯的信使。传说西王母会见汉武帝刘彻之前,先派青鸟来报信。

导读

  这首诗是李商隐的代表作,一般都认为此诗反映了失恋的痛苦和悲伤,也有人认为此诗反映了诗人仕途上的失意。

  首联写出了抒情主人公的不幸遭遇和内心的苦闷。前一个"难"写诗人与恋人由于外力的作用,团聚之难;后一个"难"写诗人与恋人相会激情四射,难分难舍。失去恋人的感觉有如晚春时节,百花凋谢,没有了春天先前的明媚。

  颔联为千古名句,"丝"与"思"谐音,是说自己对恋人的思念如同春蚕吐丝,到死方休,又像蜡烛一样,全部烧成了灰,烛泪才能流尽,形象地表现出诗人对爱情缠绵、执着的追求。

  颈联诗人因失恋而辗转反侧,夜不能寐,经常月下吟咏,清晨发现白头发又添了许多。诗人希望为了爱情永葆青春,看到华发早生自然愁由心生。

  尾联由对现实的失望转向对理想的追求。青鸟是神话中西王母的使者,这里借喻给诗人传递消息的人;蓬山是传说中的仙山,此处指恋人所在地。诗人希望有人能像青鸟传递消息那样为自己传递信息,虽然仍是"相见时难",但也聊胜于无,再次表现出诗人对爱情缠绵、执着、热烈的追求。

  总之,这首诗表达了诗人对理想爱情执着、热烈的追求,其用心之良苦、感情之专一、比喻之贴切、用语之稳妥在同类诗中都是很少见的。前人评价此诗说:"言情至此,可谓惊天地而泣鬼神。"

无 题

(唐) 李商隐

相见时难／别亦难，东风／无力百花残。
春蚕／到死丝方尽，蜡炬成灰／泪始干。
晓镜但愁／云鬓改，夜吟／应觉月光寒。
蓬山／此去无多路，青鸟殷勤／为探看。

吟诵提示

这是一首标准的仄起七言律诗，按照吟诵格律诗的要求，各句的节奏点应该是第一句的第四个字，第二句的第二个字，第三句的第二个字，第四句的第四个字，第五句的第四个字，第六句的第二个字，第七句的第二个字，第八句的第四个字和韵字。简而言之，即四二二四四二二四及韵字。

这首诗吟诵时的感情基调是柔婉悲伤的。因此起调不宜过高，过高显得喧嚣，与诗意不合，适中即可。第一句两个"难"字分别在节奏点和韵脚处，吟诵时要长吟，且声音要放亮；"别""亦"为两个入声字，吟诵时应短促但不生硬，声音略带哽咽，突出诗人与所思之人的痛苦。第二句"风"是节奏点，"残"为韵字，均应长吟；"花"是平声字，音值稍长，语气稍加重，景以衬情。全句要吟出诗人对岁月流逝的惆怅。第三句"蚕"字是节奏点，稍长吟；"死"字声音下压；"丝"一语双关，声音先上扬再下沉；"尽"语气加重，表现出诗人对爱情的执着追求。第四句紧承前句,继续表露诗人的不懈追求。"灰"是节奏点,"干"为韵脚,均应长吟。"泪"声音微颤,诗人不是爆发式的痛哭流涕,而是长久内敛的痛楚,更加悲伤、辛酸。颈联两句音调至低谷,为尾联情感的释放积蓄力量。"愁""吟"分别在节奏点上,"寒"是韵字,均应长吟。"觉""月"是入声字,宜吟得短促。尤其"觉"字要吟得坚定,表现出诗人与思念之人虽身处异地,但感同身受、心有灵犀。愁苦使人情绪低落,吟诗是感情的自我宣泄,而非刻意表演给他人,"浅吟低唱"的方式最为适宜。因此该联语气要柔和。尾联前句声调上扬,末句逐渐下降。"山""勤"分别是节奏点,稍长吟,表现出路途的遥远、艰难与诗人坚定的信念。"无"字音值拉长,音调升至最高,诗人的绝望与期望在此处碰撞,相思的炽热亦至极点。"看"古音读为 kān,是韵字,应该长吟,将诗人所有的思恋寄托于这袅袅余音之中。

26 相见欢·无言独上西楼

(五代)李煜

无言独上西楼,月如钩。寂寞梧桐深院锁清秋[1]。

剪[2]不断,理还乱,是离愁[3]。别是一般[4]滋味在心头。

作者介绍

李煜(937—978),字重光,五代时南唐国主,世称李后主。在位十五年,政事不修,纵情声色。国亡,为宋所俘,过了三年屈辱的生活,被害身亡。李煜词艺术性很高,遣词洗练,用语精准,形象鲜明,意境深邃,为唐五代词人所不及。李煜有"千古词帝"之誉。

注释

[1]锁清秋:深深被秋色笼罩。清秋,一作深秋。
[2]剪:一作"翦"。
[3]离愁:指去国之愁。
[4]别是一般:另有一种意味。别是,一作"别有"。

导读

"相见欢"是词牌名,又名"乌夜啼",由乐府古题衍化而来,三十六字,分上、下两片。本词是李煜被囚禁东京时所作,形象、生动地展现出词人孤寂愁苦的内心世界。

上片写词人的囚禁生活。一个才华横溢的一国之君,被囚禁在封闭的小院中,眼前的西楼、梧桐、深院笼罩在凄冷的月光下,阵阵秋风吹过,更勾起无边的愁绪,词人不能说什么,也不敢说什么,只能"无言独上西楼"。一个"锁"字,将词人内心的孤独、寂寞及无边的痛苦和盘托出。被锁住的不仅是深秋的景色,更是词人的自由以及词人对故乡的思恋和对往昔生活的怀念。

下片用丝喻愁,新颖而别致。丝长可以剪断,丝乱可以理顺,而"离愁"却是"剪不断,理还乱"。词人由一国之君成为阶下囚,荣华富贵已不再,故国家园更是不堪回首,人间冷暖、世态炎凉,只有词人自己知道,故而"别是一般滋味在心头"是词人自己对愁的切身体验与感悟。

相见欢·无言独上西楼

(五代)李煜

无言／独上西楼,月如／钩。寂寞梧桐／深院锁清秋。　　剪／不断,理还／乱,是离／愁。别是一般／滋味在心头。

📖 吟诵提示

在介绍这首词应该如何吟诵之前,就词的吟诵作两点说明:第一,许多人认为，词是唱的，怎么还能吟诵呢？词的确是能歌唱的，早期的词都是以唱为主，主要是指乐工歌妓的歌唱；文人雅士也会唱词，但文人雅士还是以吟诵词为主。文人唱词至南宋后期就没有了，现在仅流传有姜夔的词谱，学术界还有争议。唱词与吟诵词并没有根本的矛盾，词的歌唱是娱乐活动，是以音乐的手法表现词的内涵；词的吟诵是文学活动，是以文学的手法演绎词的内涵。在唱词鼎盛时期，词的吟诵依然存在，只不过是词的歌唱掩盖了词的吟诵。在文人唱词逐渐消失之后，词的吟诵又恢复了本来的面目。第二，词的形式比较复杂，词的吟诵也比较复杂。但由于词由格律诗发展变化而来，被称为"诗余"，七言词句中凡二、四、六字是"平仄平"或"仄平仄"的，五言词句中凡二、四字是"平仄"或"仄平"的，都可称为"律句"，可以按照格律诗的吟诵方法吟诵。所以词的吟诵可以部分借鉴诗的吟诵规则。

　　这首词写的是月夜抒情，感情低沉苦闷，不能纵情高歌，宜慢节奏地低声吟诵。上片只有三句，句句押平声韵，情感抒发得较为缓慢，因此吟诵时语速也应该较为缓慢，起调不宜过低，否则后面无法吟诵。首句"无言独上西楼"虽然是六字句，但"言""上""楼"三个字的平仄仍然是平仄平，还可以视为律句，可以参考吟诵律句的方法吟诵，结合本词的内容，除在"言"字处长吟外，在"西"字处也可以长吟，将词人孤独寂寞的心情表现出来。"月如钩"要吟得高起低落，长吟"如"字，才能更好地体现词人仰视天空，感叹残月如钩的意境。上片最后一句较长，可以分为两部分吟诵，先吟诵"寂寞梧桐"，再吟诵"深院锁清秋"。因为"寂寞梧桐"是四字句，因此吟诵时，在"寞"字处可稍作停顿，在"桐"字处长吟。"深院锁清秋"按五言律句吟诵，自然在"清"字处长吟。残月、梧桐、深院、清秋，只有轻声慢吟，才能渲染出这种凄凉的境界，反映出词人内心的孤寂之情，同时也为下片的抒情做好铺垫。

　　"剪不断"三个字都是仄声字，可在"剪"字处稍作停顿，"断"是韵字，可以长吟。"理还乱"的"还"字必须长吟，才能将词人的思愁别绪表现出来。"乱"是韵字，自然要长吟。"是离愁"是本词的关键，要着重强调，"是"字可适当短促加重，表达一种非常肯定的语气，"离"字适当长吟，更能表达词人的痛苦心情。末句"别是一般滋味在心头",以滋味喻愁。"别是"二字极佳,音调高昂,凸显转承,"心"字须长吟,把词人心头淤积的思、苦、悔、恨,都倾泻出来。

　　本词运用声韵的变化,做到声情合一。下片押两个仄声韵("断""乱"),插在平韵中间,加强了顿挫的语气,似断似续;同时在三个短句之后接以九言长句,舒缓有致,富有韵律美,也恰当地表现了词人悲痛沉郁的感情。

27　渔家傲·秋思

(宋)范仲淹

塞下[1]秋来风景异,衡阳雁去[2]无留意。四面边声[3]连角起,千嶂[4]里,长烟[5]落日孤城闭。　　浊酒一杯家万里,燕然未勒归无计[6]。羌管[7]悠悠霜满地,人不寐[8],将军白发征夫泪。

作者介绍

范仲淹(989—1052),字希文,苏州吴县(今江苏苏州)人,北宋时期著名的政治家、文学家。庆历三年(1043)与富弼、韩琦等人参与"庆历新政",历时仅一年,因遭反对,被贬为地方官。世称"范文正公",著有《范文正公集》。

注释

[1]塞下:边界要塞之地,这里指西北边疆。

[2]衡阳雁去:传说秋天北雁南飞,至湖南衡阳回雁峰而止。

[3]边声:边塞特有的如大风、号角、羌笛、马啸等声音。

[4]千嶂:崇山峻岭。嶂,形容高险像屏障的山。

[5]长烟:荒漠上的直烟,因少风,烟直而高。

[6]燕然未勒归无计:边患未除,功业未成,归期无法预计。勒,刻石记

功。计,预计,计划。

[7]羌管:羌笛,出自古代西部羌族的一种簧管乐器。

[8]不寐:睡不着。寐,睡,睡着。

导读

"渔家傲"为词牌名,不见于唐、五代人之词,至北宋晏殊、欧阳修、范仲淹则填此调较多。《词谱》卷十四云:"此调始自晏殊,因词有'神仙一曲渔家傲'句,取以为名。"范仲淹曾任陕西经略副使兼延州(今陕西延安)知州。据史载,在镇守西北边疆期间,他号令严明又爱护士卒,招徕诸羌并推心接纳,深为西夏所惮服,赞其为"小范老子腹中有数万甲兵",又有民谣"军中有一范,西贼闻之惊破胆"。此词即作于这个时期。据宋人魏泰《东轩笔录》载,范仲淹守边时,作《渔家傲》数阕,皆以"塞下秋来"为首句,颇述边镇之苦劳,欧阳修尝称之为"穷塞主"之词云云。现仅存此一首。

词的上片着重描写塞下秋景。"塞下"点明地点,"秋来"说明季节。"异"字统领全部景物的特点,突出边地秋色与中原的不同。范仲淹是苏州人,对季节的变化较北方人更为敏感,因此"异"也有词人对塞外风光的惊异之感。接下来分写秋景之"异":"衡阳雁去无留意",雁为候鸟,传说秋天北雁南飞,至湖南衡阳回雁峰而止。塞上之雁秋季即南去,且毫无留恋之意,可见边塞的秋天已是寒风萧瑟,满目荒凉。"四面边声连角起",所谓"边声",当包括"胡笳互动,牧马悲鸣,吟啸成群"(《文选》)等,囊括了一切带有边地特色的声响,营造出了浓厚的悲凉气氛。"千嶂里,长烟落日孤城闭","长烟落日"不禁令人联想到唐代诗人王维笔下"大漠孤烟直,长河落日圆"的壮阔风光。延州是地处崇山峻岭之中的一座孤城,夕阳西下便紧闭城门,既迥异于中原的华灯初上,又点明了战事吃紧、戒备森严的特殊背景。所见所闻之景象共同构成了肃杀的边塞画面。

词往往是"上片写景,下片抒情"的,词人在下片着重自抒征人思绪。"浊酒一杯家万里,燕然未勒归无计",浊酒一杯,难解乡愁。因何不归?原来是因为军功未建,敌寇未除。这里引用东汉窦宪刻石记功的典故,表现了范仲淹立志打退外敌,确保西北边陲安宁的坚定决心。"羌管悠悠霜满地",夜深霜重,边塞悠悠的羌笛声让人顿觉无限凄凉。为何听得如此真切?"人不寐"!报国之志,思乡之愁,矛盾纠结,让将士们难以入眠。"将军白发征夫泪"是互文,白发不单指将军,士兵也久戍不归,"三军尽衰老";流泪的不只是征夫,将军也因功业难成、有家难归而哀伤垂泪。这里也暗寓了作者对宋王朝重内轻外、消极防御政策的不满。

　　全词描写的是身临之境,抒发的是真挚之情,意境苍凉壮阔,与婉约词风截然不同,在题材、情调和艺术等方面为宋词开拓了新的领域,对豪放词的发展影响甚为深远。

渔家傲·秋思

(宋)范仲淹

塞下秋来／风景异,衡阳／雁去无留意。四面边声／连角起,千／嶂里,长烟／落日孤城闭。浊酒一杯／家万里,燕然／未勒归无计。羌管悠悠／霜满地,人／不寐,将军／白发征夫泪。

吟诵提示

本词是范仲淹戍边时所作，格调高昂，感情悲壮。上片感情基调是在高昂、悲壮之中有少许苍凉感，下片感情基调是在豪迈、悲壮之中有一丝感伤情绪。吟诵前两句时，注意起调要适当高一些，吐字要浑厚，情绪可适当低沉一些，除节奏点上的字和韵字外，"风"字和"无留"二字都应该长吟，才能把身处边陲，看到北雁南飞时产生的感时、思乡之情抒发出来。吟诵第三句时，难度较大，语速应该放慢，吐字沉稳，力求营造空旷寂寥的感觉。"声"字可适当放低一些，"连"字在长吟的同时，声调还可以适当升高，才能将边塞烽烟四起、边声阵阵令人心惊的意境表现出来。"千嶂里"语速更要放慢："千"字是平声字，适当长吟，将边陲复杂的地形表现出来；"里"字是韵字，应该长吟且音调渐低沉，为凸显崇山峻岭中的"孤城"做好铺垫。最后一句，除在吟诵好节奏点上的字和韵字之外，还要吟诵好"孤城"二字，重点是"城"，长吟"城"字将词人固守孤城的决心、信心都表达出来。"闭"字虽然是仄声字，但这里是韵字，又是上片的结束字，所以一定要长吟，才能和前面的"孤城"相照应，把边塞危急的严重形势表现出来。

下片起调可适当放低一些，语速放慢一些，才能把词人复杂的心理表现出来。前两句吟诵时有一定的难度，因为这两句的情感是相互对立的，前一句抒发思乡的情怀，后一句是未能建功立业的感叹。吟诵时除节奏点上的字和韵字必须长吟外，前一句应该将思乡的缠绵情怀表现出来，尤其是"家"字，更要长吟，将词人对家的思念表现出来；吟诵后一句时要长吟"无"字，将未能立功沙场、名扬边陲的遗憾表现出来。"羌管悠悠霜满地"句的情感基调是紧随前两句来的，但是更为感伤，因此语气放缓。"悠悠"即边声，要长吟自不必多说，"霜"字亦应长吟，与上片的"秋来""雁去"相呼应，将边塞独有的气候特征表现出来。吟诵此句时语气放缓，"悠悠"的语调放低，"霜"可以适当升高。"人不寐"的吟诵可效仿"千嶂里"，"人"字适当长吟，韵字"寐"要长吟，把词人的复杂心情表现出来。最后一句将这种复杂情感抒发到极致,"将军"和"征夫"长期戍守边陲,有家难归,且未能建立功名,自然伤心落泪,所以"军"和"夫"二字都要长吟。"泪"字更要长吟,才能将全词的感情推向高峰。

　　词的最初创作都是为了唱,唱词自然追求婉转悠扬,这是由词本身的平仄声律所决定的;吟诵词时,自然也得遵循词句的平仄声律,亦具备婉转悠扬之特点,这就是诗与词吟诵的不同之处。诗词吟诵多了,就会发现同样是律句,词句与诗句的吟诵也是不同的,一吟就知道是词句还是诗句。

28　浣溪沙·一曲新词酒一杯

（宋）晏殊

一曲新词酒一杯，去年天气旧亭台[1]。夕阳西下几时回？　　无可奈何花落去，似曾相识燕归来。小园香径独徘徊[2]。

作者介绍

晏殊(991—1055)，字同叔，抚州临川(今江西抚州)人，北宋著名词人、诗人、散文家。十四岁时被赐同进士出身，曾任秘书省正事、集贤殿大学士。性刚简，自奉清俭。能荐拔人才，范仲淹、欧阳修均出其门下。晏殊生平著作十分丰富，有文集一百四十卷，有词集《珠玉词》。

注释

[1] 去年天气旧亭台：天气、亭台都和去年一样。
[2] 小园香径：指落花散香的小径。徘徊：流连忘返。

> **导读**

这是晏殊的一篇脍炙人口的词作。词人在伤春惜时的同时抒发了对年华流逝的感慨与惋惜。上片由对酒听歌的现实引发对往昔的回忆,进而引出人生短暂、时光不再的感叹。细品"夕阳西下",虽说是即景兴感,但词人所感叹的实际上已不限于眼前的情景,而是扩展到整个人生,有享受今天、挽留眼前之意。

下片以融情于景的笔法抒发前意。"无可奈何花落去,似曾相识燕归来"乃千古名句,对仗工巧,声韵和谐,在伤春、惜春的同时,进一步抒发了光阴荏苒、青春易逝的感伤和怅惘。尾句以低沉的语调表达了词人无力留住春光也无法阻止年华流逝的遗憾和对人生盛衰浮沉、生死聚散的感叹,也表达了词人在无限的时空中感到的渺小和无奈,同时还表现出词人尽管身居高位心中却依然充满孤独和寂寞的痛苦。

作品景中有情、情中有景,在惜时伤春的同时亦有对空间有限和时间无限的感叹,间接表达出词人内心的矛盾与痛苦。

浣溪沙·一曲新词酒一杯

(宋)晏殊

一曲新词/酒一杯,去年/天气旧亭台。夕阳/西下几时回? 无可奈何/花落去,似曾相识燕归来。小园/香径独徘徊。

吟诵提示

这首词虽含伤春惜时之意，实含感慨抒怀之情，情感基调低沉伤怀，所以吟诵的基调是中等偏低且婉转悠长。

本词一共六句，全是律句，因此基本上可以按照吟诵格律诗的方法吟诵。上片三句，节奏点及韵字都应该长吟。除此之外，第一句"一曲新词酒一杯"的"酒"字可适当长吟，将借酒浇愁的心态抒发出来。"去年天气旧亭台"的"亭"字可适当长吟，"台"是韵字，自然可以长吟，这样"亭台"二字都长吟，可以将物是人非的郁闷心情全部抒发出来。"夕阳西下几时回"节奏点在"阳"字上，"时"字也应适当长吟，才能把旧时的光景与眼前的夕阳、美酒融合在一起，才能把词人对美好事物的留恋、对时光流逝的怅惘抒发出来。吟诵时要表达出这种伤怀之情，曲调须低沉，"回"字要绵延婉转一些，音拖得长一些。

下片"无可奈何花落去，似曾相识燕归来"，声韵和谐，寓意深婉，为千古名句。吟诵时除节奏点长吟外，"花"字也应该适当长吟，将词人的惜花之情、无奈之情都表现出来。"燕"字也应该长吟，将词人的喜悦、欣慰之情表现出来。"小园香径独徘徊"句吟诵时节奏要慢，语调要轻，节奏点上的"园"字自然要长吟，"徘"字也要适当长吟，韵字"徊"更要长吟，这样才能把词人此时的惋惜、无奈、欣慰及孤独之情表现出来。

总之，我们吟诵这首词时，一定要先搞清楚词人回忆往事所引起的感伤、无奈、惆怅、欣慰、孤独之情，才能通过吟诵将词人的思想感情表达出来。

29　登飞来峰

(宋) 王安石

飞来峰上千寻[1]塔，闻说鸡鸣见日升。
不畏浮云遮望眼[2]，自缘身在最高层[3]。

作者介绍

王安石(1021—1086)，字介甫，号半山，抚州临川(今江西抚州)人。庆历年间进士，神宗初年以其改革主张而受到重用，主持了著名的熙宁变法。两度为相，两次被免职。王安石是北宋著名政治家、诗人、散文家，"唐宋八大家"之一。代表作品有《临川先生文集》《王文公文集》等。

注释

[1]千寻：极言塔高。古以八尺为一寻，形容高耸。

[2]不畏浮云遮望眼：反用李白《登金陵凤凰台》"总为浮云能蔽日，长安不见使人愁"句意。浮云，暗喻奸佞小人。

[3]缘：因为。

导读

这首诗是诗人年轻时所作。此时诗人意气风发,抱负不凡,借登飞来峰抒发胸臆,寄托壮怀。

第一句诗人借峰上古塔之高写自己的立足点之高。第二句巧用《玄中记》中的典故:"东南有桃都山,上有大树,名曰桃都,枝相去三千里。上有一天鸡,日初出,光照此木,天鸡则鸣,群鸡皆随之鸣。""闻说鸡鸣见日升"七字,不仅言其目极万里,亦言其声闻遐迩,颇具气势。

后两句承接前两句写景而阐发哲理。古人常有浮云蔽日、邪臣蔽贤的忧虑,而诗人却加上"不畏"二字,表现了他在政治上敢于斗争、不畏奸邪的大无畏精神。尾句用"身在最高层"拔高诗境,言自己站得高、看得远,浮云遮挡不住自己远眺,亦有对自己的理想信念坚定不移的含义。苏轼的"不识庐山真面目,只缘身在此山中"继承了"不畏浮云遮望眼,自缘身在最高层"的手法,都是以诗说理的佳句。

登飞来峰

(宋)王安石

飞来/峰上千寻塔,闻说鸡鸣/见日升。
○○　○●　○●　　○○○　●△

不畏浮云/遮望眼,自缘/身在最高层。
●●○○　●●●　　●○　○●●○△

吟诵提示

这是一首平起七言绝句。按照吟诵格律诗的要求,每句停顿处应是第一句第二个字,第二句第四个字,第三句第四个字,第四句第二个字及韵字。简而言之,即二四四二及韵字。

本诗借登飞来峰抒发胸臆、寄托壮怀,又作于壮年,因此吟诵时的感情基调应是慷慨豪迈、气势充沛。

第一句起调要高,"来"字是节奏点,稍长吟,"塔"是入声字,由于在句尾,因此可适当拖长音值,但不可拖沓,且稍加重语气,表现出高塔挺立于高峰之上的坚毅。第二句"鸣"是节奏点,"升"是韵字,均应长吟。"说"是入声字,其前后均为平声字,若音值过短会显得突兀,因此可吟半拍空半拍再吟半拍,体现出诗人仿佛看到日出的喜悦之情。"见"虽是仄声,但与之相连的"日"是入声字,因此音值相对拉长。第三句节奏点"云"稍长吟,"不畏"二字语气加重,"不"要短促有力,表现出诗人的不惧艰险。"遮"音值加长、重读,吟出诗人心中的忧患意识。尾句"缘""层"分别是节奏点和韵字,长吟。"最"重读,"高"加长音值,吟出诗人豁达的气度。

30　江城子·密州出猎

(宋)苏轼

老夫聊发少年狂[1],左牵黄,右擎苍[2],锦帽貂裘[3],千骑卷平冈[4]。为报倾城随太守[5],亲射虎,看孙郎[6]。酒酣胸胆尚开张[7],鬓微霜,又何妨?持节云中[8],何日遣冯唐[9]?会挽雕弓如满月[10],西北望,射天狼[11]。

作者介绍

苏轼(1037—1101),字子瞻,号东坡居士,眉州眉山(今属四川)人。宋仁宗嘉祐年间进士。哲宗时任翰林学士,曾出知杭州、颍州,官至礼部尚书。与父苏洵、弟苏辙合称"三苏"。其文纵横恣肆,为"唐宋八大家"之一,与欧阳修并称"欧苏"。其诗题材广阔,清新豪健,与黄庭坚并称"苏黄"。词开豪放一派,与辛弃疾并称"苏辛"。苏轼在诗、文、词、书、画等方面均有极高的成就,是中国历史上少有的文学和艺术天才。

注释

[1]老夫:作者自称,时年四十。聊:姑且,暂且。狂:豪情。

[2]左牵黄,右擎苍:左手牵着黄狗,右臂托起苍鹰,形容围猎时追捕猎物的架势。

[3]锦帽貂裘:名词作动词,头戴着华美的帽子,身穿貂皮衣服。

[4]千骑(jì)卷平冈:形容马多,所过之处尘土飞扬,把山冈像卷席子一般掠过。千骑,形容从骑之多。平冈,指山脊平坦处。

[5]为报:为了报答。太守:古代州府的行政长官。

[6]孙郎:三国时期东吴的孙权,这里为作者自喻。《三国志·吴书·吴主传》载:"二十三年十月,权将如吴,亲乘马射虎于庱(chěng)亭。马为虎所伤。权投以双戟,虎却废。常从张世击以戈,获之。"

[7]酒酣胸胆尚开张:尽情畅饮,胸怀开阔,胆气豪壮。尚,更。

[8]节:古代传达命令的符节。云中:汉时郡名。

[9]冯唐:汉文帝时官员。当时魏尚为云中太守,抵抗匈奴有功。因报功的文节上所写的杀敌数目比实际杀敌数目少六人,被削职。冯唐为之辩护,文帝就派冯唐"持节"去赦免了魏尚的处分,仍令他担任云中太守。词人此时不得意,以魏尚自许,希望得到朝廷的信任。

[10]会挽雕弓如满月:会,应当。挽,拉。雕弓,弓背上有雕花的弓。满月,圆月。

[11]天狼:星名,一称犬星。这里以之隐喻侵扰北宋边境的辽与西夏。

导读

北宋政治上重文轻武,本词一反常态,以"老夫聊发少年狂"开篇,语惊四座,不同凡响。文人戎装只有用一个"狂"字才能得到合理的解释;随从个个也是"锦帽貂裘",驰骋原野还是只能用"狂"来解释;词人要像当年孙权射虎一样一显身手,更是显出词人的"狂"。上片写"出猎"这一特殊场合下词人表现出来的举止神态之"狂"。下片由实而虚,写词人"狂"的动机:词人不是为"狂"而"狂",词人"狂"的背后是说自己文武双全,今天能戎装狩猎,明天就能为国从戎,立功沙场。事实上,古人的狩猎就是军事演习,所以"会挽雕弓如满月,西北望,射天狼"才是词人狩猎的真正目的。

本词是苏东坡豪放词代表作之一,通篇纵情放笔,气概豪迈。词中以描写狩猎之名,抒兴国安邦之志,拓展了词的意境,提高了词的品位,扩大了词的题材,从而赋予词以全新的生命,在词的发展史上具有重要意义。

江城子·密州出猎

(宋)苏轼

老夫/聊发少年狂,左牵/黄,右擎/苍,锦帽貂/裘,千骑卷平/冈。为报倾城/随太守,亲/射虎,看孙/郎。酒酣/胸胆尚开张,鬓微/霜,又何/妨?持节云/中,何日遣冯/唐?会挽雕弓/如满月,西/北望,射天/狼。

吟诵提示

这首词通过对冬猎盛况的描绘,来表现词人渴望国家统一的强烈愿望,气势磅礴,格调雄浑,有宋代第一豪放词之誉。

由于本词上下片各有一个四字句、一个五字句、两个七字句、四个三字句,所以吟诵起来有一定的难度。除节奏点上的字及韵字必须长吟外,还应该注意,第一句的"年"字可适当长吟,"锦帽貂裘"句中的"貂"字可适当长吟,"裘"不是韵字,但它在句尾,仍然可适当长吟。"为报倾城"句中的"随"字适当长吟,把百姓跟随词人狩猎的情景展示出来。"亲""虎""孙郎"都应该长吟,才能将词人威武豪迈的气势表现出来。总之,吟诵时语速应该放慢,吐字沉稳果断,才能将出猎的壮观场面表现出来。

上片感情基调高昂豪迈。下片在高昂豪迈之中又增添了强烈的爱国激情。吟诵时吐字要浑厚,情绪可适当再高昂一些,除节奏点上的字和韵字外,"开"字应适当长吟,将"开张"的意境表现出来。吟诵"持节云中,何日遣冯唐"时,"中"字虽然不是韵字,但可适当长吟;"冯"在节奏点上,可长吟;"唐"是韵字,自然应该长吟,此处长吟要把词人无故遭贬的委屈、苦闷、抑郁抒发出来。吟诵"会挽雕弓如满月"时,应该情绪高昂,语调铿锵,"如"字可适当长吟。吟诵"西北望"时,"望"字虽然是一句的结束,但为了与上下句语气连贯,不宜长吟,只作短暂停顿即可。"射天狼"句吟诵时必须铿锵有力,实大声宏,才能把词人的激情表现出来。

总之,吟诵这首词时起调须高亢,才能把词人的爱国豪情和希望为国从戎、立功沙场的理想倾泻出来。

31　水调歌头·明月几时有

(宋)苏轼

明月几时有？把酒[1]问青天。不知天上宫阙[2]，今夕是何年？我欲乘风归去，又恐琼楼玉宇[3]，高处不胜[4]寒。起舞弄[5]清影，何似[6]在人间？　转朱阁[7]，低绮户[8]，照无眠。不应有恨，何事长向别时圆？人有悲欢离合，月有阴晴圆缺，此事古难全。但愿人长久，千里共婵娟[9]。

注释

[1]把酒：手持酒杯。
[2]阙：皇宫门前两旁的门楼。
[3]琼楼玉宇：指月中宫殿。
[4]不胜：禁不住。
[5]弄：戏弄。
[6]何似：何如，哪比得上。
[7]转：形容月的动态。朱阁：朱红色的楼阁。
[8]低：月的动态。绮户：镂刻花纹的门窗。
[9]婵娟：美好貌，一般代指美女。这里代指月亮。

导读

这首望月抒怀之词，将现实的忧怨与对月的思怀、赞美结合在一起，将对胞弟苏辙的思念与对天下所有人的祝愿结合起来，使此词思致深长，通脱达观。当时词人与王安石政见不合，离开朝廷，先至杭州，后改密州（今山东诸城），既是为摆脱是非之地的京师，也是为接近七年未见的弟弟苏辙。上片写景，幽远高迈，超逸绝尘，其中蕴含着其政治失意的忧怨。"不知天上宫阙，今夕是何年"，借问月而忧思朝廷状况。继而借"我欲乘风归去，又恐琼楼玉宇，高处不胜寒"句，表达其"身居江湖，心在魏阙"、欲归不归的矛盾心态。最后心情陡转，以饮酒起舞之乐表达对现实生活的满足，表现了苏轼旷达的胸怀，是自我安慰，也是对苏辙的安慰。下片写实，夜深月明，照人难眠，引人怀思，月圆本应无恨，可是它偏对离别的人们圆满，惹人生恨，"不应有恨"，恨在其中，表达了他对兄弟亲人不能在月圆时团聚的遗憾。但苏轼总能在人生窘困之时通达乐观。人间的离愁别恨就像月有阴晴圆缺一样无法避免。所以，不必为之悲伤，相反应该祈愿人生长久，共同欣赏那美好的月光，享受美好的生活。词作写景、抒情、哲理融会一体，将个人感情升华于普遍的哲理，融化于无边空明的遐思，意境高远，豪放飘逸。

水调歌头·明月几时有

（宋）苏轼

明月几时/有？把酒问青/天。不知/天上宫阙，今夕是何/年？我欲乘风/归去，又恐琼楼/玉宇，高处不胜/寒。起舞弄清影，何似在人/间？转朱/阁，低/绮户，照无/

眠。不应/有恨,何事长/向别时圆?人有悲欢/离合,月有阴晴/圆缺,此事古难/全。但愿人长/久,千里共婵/娟。

吟诵提示

  上片望月,既怀逸兴壮思,高接混茫,又脚踏实地,自具雅量高致。吟诵时应有空怀若谷的心态,邀揽明月,起调要高,逐渐下回。在"明月"之后略微停顿。尾音绵连,略带沉吟之感,突出飘渺心境。从创作动因上来说,音调有起得突兀、问得离奇的特点。从创作心理上来说,有期望重返汴京的复杂心情,故时逢中秋,一饮而醉,意兴阑珊中饶有律动。"把酒"一句,起调承接上一句的高调,有抒发豪情、自问自答的风格。接下来两句"不知天上宫阙,今夕是何年"略带感慨,对明月充满向往之情。"不知"二字起韵转折,音调平缓,随后停顿。"今夕是何年"一句吟诵的曲调随"把酒问青天"一句自然而成。

  "我欲乘风归去,又恐琼楼玉宇,高处不胜寒。""我欲"二字起高调,意气风发,纵情忘我之感顿生。"归去"回音取调,音调略高。"又恐"一句紧跟上一句的调。"高处不胜寒"明写月宫的高寒,暗示月光的皎洁,把那种既向往"天上"又留恋人间的矛盾心理十分含蓄地写了出来。感情发挥中要表现诗人这种矛盾的心理。最后一句要高起调、缓回声,尾音略长。

  诗人幻想摆脱这烦恼人世,但又热爱人间的生活,"起舞弄清影,何似在人间",飘逸洒脱,挥洒自如。"起舞弄清影"中"舞"字音调达到最高,起伏有序,尾音绵长,回收音调后,继续起高音以凸显对"何似在人间"的感叹。

  下片怀人,"转朱阁,低绮户,照无眠","转"和"低"都是指月亮的移动,暗示夜已深沉。"转""低""照"三字后略顿,"转朱阁,低绮户"起调要低,显现出诗人略带伤感的怀人之情。睹物思怀,月光流转中也充满着灵动,最终是"照无眠"。"照"字起调略高,"无眠"低音略短。"无眠"是诗人因怀人而感到忧伤,以致不能入睡。月圆而人不能圆,这是多么遗憾的事啊!"不应有恨,何事长向别时圆?""不应有恨"一句简短,起调平缓,逐字升高。"何事长向别时圆"是诗人感情的一次爆发,这是埋怨明月故意与人为难,给人增添忧愁,无理的语气进一步衬托出诗人的情感。语调应低起高诵,缓收音。接着,诗人把笔锋一转,为明月开脱,引出下句。

"人有悲欢离合,月有阴晴圆缺"两句句式相同,形成对比。起调略高,呈现凹型。"离合""圆缺"结尾二字强调,音韵加重。"此事古难全"重音发在"事"字上。从结构上,又是推开一层,从人、月对立过渡到人、月融合。

词的最后说:"但愿人长久,千里共婵娟。""但愿人长久"是要突破时间的局限,"但愿"二字起高音,"久"字尾音加重。"千里共婵娟",是要打通空间的阻隔,让对明月共同的爱把分离的人结合在一起。可以说这首词是苏轼在中秋之夜,对一切经受着离别之苦的人表示的美好祝愿。"千里"语调加重,最后尾音绵长收尾。

上下片中间各谐两个仄声韵,即"去""宇"及"合""缺",吟诵时也要注意。"去""宇"比平声韵略短一些,"合""缺"是入声韵,更短。

32　渔家傲·天接云涛连晓雾

(宋)李清照

天接云涛连晓雾,星河[1]欲转[2]千帆舞。仿佛梦魂归帝所。闻天语[3],殷勤问我归何处。　　我报路长嗟日暮[4],学诗谩[5]有惊人句。九万里风鹏正举。风休住,蓬舟[6]吹取三山[7]去。

作者介绍

李清照(1084—约1151),我国历史上杰出的女词人,号易安居士,齐州章丘(今山东章丘西北)人。北宋文学家李格非之女,生于优裕的仕宦之家,自小多才多艺。长成后嫁与太学生赵明诚。明诚喜收藏,研究金石碑刻、法帖字画,夫妇感情深挚,志趣相投。其早年词作多以惜春、情感为主题,有贵族化的气息。北宋覆亡,随夫南渡,夫死,国破家亡,晚年的不幸使其作品一转而为愁苦悲愤。前期词作较为婉约,后期词作笔力纵横,非常豪放。

注释

[1]星河:银河。

[2]转:《历代诗余》作"曙"。

[3]天语:天帝的话语。

[4]我报路长嗟日暮:路长,隐含屈原《离骚》"路曼曼其修远兮,吾将上下而求索"之意。日暮,隐含屈原《离骚》"欲少留此灵琐兮,日忽忽其将暮"之意。嗟,慨叹。

[5]谩:徒,空。

[6]蓬舟:像蓬蒿被风吹转的船。古人以蓬根被风吹飞,喻飞动。

[7]三山:传说中海上的三座仙山。

导读

此词一题"记梦",实际应该是一次遭际乱离的真实经历。宋高宗南渡之后,李清照混迹于流民,追寻其行踪,曾从海路过温州而至越州(今浙江绍兴),颇历大海惊涛骇浪之险。这种经历对于一直不出闺门、生活安逸闲适的贵妇李清照来说,无异充满刺激,充满新奇,也激发了她久久被抑制的豪情,让人们忽然瞥见了其儿女情长与闲愁闺怨之外的雄壮与放逸,十分难得。

第一句写景,大海的早晨,海天相接,动荡的波涛、飘动的云层与蒙蒙的早雾连成一片,北斗七星带动满天星斗舞动银河,无边的汪洋上千帆竞进,天旋地转,万象皆动。作者描述了一个未曾经历过的极为奇异、壮阔的境界,亦真亦实,如梦如幻,直让她憕憕然魂入帝都,仿佛听到天上有声音询问她要去哪里。

下片承上片,文气不断,直接作答,而她稀里糊涂,答非所问,她只述自己年华老大,日暮途穷,一生求索,无事能成,连诗也没有学好。不过,她表示要继续求索,像北溟中的大鹏一样高举远扬,要让海风猛吹不止,直到把她的小船送到蓬莱仙境,摆脱充满离乱苦难的人间,抒发了其无望中的无奈,寄寓着其对苦难现实的超脱。以此回答"天语",照应上片,可谓别具一格,反映了李清照性格坚毅的一面。

渔家傲·天接云涛连晓雾

(宋)李清照

天接云涛／连晓雾，星河／欲转千帆舞。仿佛梦魂／归帝所。闻／天语，殷勤／问我归何处。　我报路长／嗟日暮，学诗／谩有惊人句。九万里风／鹏正举。风／休住，蓬舟／吹取三山去。

吟诵提示

本词是李清照晚年所作，格调雄奇，气度恢宏，正如梁启超所言，"此绝似苏辛派"，有豪放派风格。因此吟诵此词时，无论是吟诵的节奏点，还是吟诵感情基调，都与范仲淹的《渔家傲·塞下秋来风景异》非常接近。通过学习这首词的吟诵，我们可以了解到传统吟诵举一反三的独有功能。不仅古诗、乐府诗、格律诗的吟诵可以举一反三，词的吟诵也是如此，否则就不能称之为读书方法了。

上片感情基调是高昂、雄浑之中有少许苍凉感。茫茫天地间却没有自己的一方安身之处。吟诵时除节奏点及韵字必须长吟外，第一句的"连"字可适当长吟，将"云涛"和"晓雾"连在一起。第二句的"帆"字可适当长吟，将千帆竞发的生动画面展现出来。第三句的"归"字可适当长吟,把词人从容自信、雍容大度的神态表现出来。第五句的"何"字应该曼声长吟,将天帝对词人的关心表现出来,与前面的"殷勤"相呼应,同时把疑问句的气势吟出来。

下片的起调适当放低一些,语速放慢一些,才能把词人上下求索的不懈追求完美地诠释出来。第一句的"嗟"是感叹词,吟诵时可适当长吟,将词人的路长之叹抒发出来。第二句的"人"字可适当长吟,把词人对自己的词学造诣深信不疑的感觉吟出来。第三句是词人以大鹏自比,因此"鹏"字可适当长吟,语气加重,将词人的理想、自信表现出来。"学诗"和"九万里"二句从不同的角度表达词人的自信、理想和追求,从另一方面说,词人认为自己虽满腹经纶,有绝世才华,但在这个社会中却处处碰壁,有才难展,有志难酬,于是把希望寄托在大鹏身上,想要离开这个黑暗的社会,所以吟诵此二句时,不能一味激昂慷慨,应该将词人心中的苦闷、忧郁表现出来,才算是真正理解了词人的复杂心理。"三山"是词人理想的目的地,词人希望能乘九万里的大鹏,直到海外神仙居住的"三山",在那儿自由自在地生活。所以"山"字一定长吟。

总之,这首词吟诵的难度不大,只要掌握住本词的思想感情和文化背景,按照节奏点的位置把握节奏,就能收到良好的吟诵效果。收尾时不要拖滞,才能更好地表达词人对无拘无束生活的热切追求和深深期待。

33　游山西村

(宋)陆游

莫笑农家腊酒[1]浑,丰年留客足鸡豚[2]。
山重水复[3]疑无路,柳暗花明[4]又一村。
箫鼓追随春社[5]近,衣冠简朴古风存[6]。
从今若许闲乘月[7],拄杖无时[8]夜叩门。

作者介绍

陆游(1125—1210),字务观,号放翁,越州山阴(今浙江绍兴)人,生长于一个富有文学气息的仕宦之家,12岁能诗文。他的诗歌有奔流激荡的宏大气概,有杜甫诗歌的沉郁顿挫与李白诗歌的飘逸奔放,形成一种磅礴雄浑、明朗流畅的风格,史称"放翁体"。陆游是南宋"中兴四大家"(其他三位是尤袤、杨万里、范成大)之首。

注释

[1]腊酒:腊月里酿造的酒。

[2]足鸡豚(tún):准备了丰盛的菜肴。足,足够,丰盛。豚,小猪,诗中代指猪肉。

[3]山重水复:一座座山、一道道水,重重叠叠。

[4]柳暗花明:柳色浓绿,花色红艳。

[5]春社:古代把立春后第五个戊日作为春社日,拜祭土神,祈求丰收。

[6]古风存:保留着淳朴的古代风俗。

[7]闲乘月:有空闲时趁着月光前来。

[8]无时:没有一定的时间,即随时。

导读

陆游闲居在三山乡,生活平静安逸,恬淡自适。小诗即表现了他游赏山西村时兴奋的情致,充满浓郁的生活气息。第一句先写了他漫游山西村受到了乡亲们热情招待的情景。农家酒薄味淡,但这是老乡亲手酿制的,充满情味;家常菜普通而又丰盛,显示了农家待客的朴素与真诚。继而写其于山间水边,曲折前行,幽暗的小路,忽暗又明,一会儿绿柳暗荫,一会儿红花怒放,令人兴致盎然。走过曲长的村间小路又遇一村,这里的人们在春社节日还没有到时就已经吹箫打鼓,为即将到来的隆重节日祭祀做准备。古老的节日,古朴的穿着,显示着淳厚的民风,再现了宋代民间生活,像风俗画一样让人备感亲切。所以,尾联表示自己有了空闲就会随时造访此村的夙愿,显然受到孟浩然"待到重阳日,还来就菊花"的影响。诗作写得情志高昂,陶醉惬意,一改他日悲愤不平、忧愁难遣的苦闷;语言轻快晓畅,平易自然,与自适的抒情十分合宜。"山重水复疑无路,柳暗花明又一村",熔情、境、理、趣于一炉,为千古名句,亦使本诗成为传世名篇。

游山西村

(宋)陆游

莫笑农家/腊酒浑,丰年/留客足鸡豚。

山重／水复疑无路，柳暗花明／又一村。
○○　●●○○●　●●○○　●●△

箫鼓追随／春社近，衣冠／简朴古风存。
○●○○　○●●　○○　●●●○△

从今／若许闲乘月，拄杖无时／夜叩门。
○○　●●○○●　●●○○　●●△

吟诵提示

这是一首仄起七言律诗。按照吟诵格律诗的要求，每句的停顿处应是第一句第四字，第二句第二字，第三句第二字，第四句第四字，第五句第四字，第六句第二字，第七句第二字，第八句第四字以及韵字。简而言之，即四二二四四二二四及韵字。

全诗平声字多，吟来舒缓徐徐，感情基调较为闲适，起调中等偏高即可，首联"家""年"为节奏点，"浑""豚"为韵字，均需长吟。吟诵此联时声音要亲切，充满对农家的感谢之情。颔联声调渐渐下降，表现出诗人寻寻觅觅的困惑，对句稍上扬，表达觅着出路的喜悦。节奏点"重""明"和韵字"村"适度长吟，尤其"重"字，声音婉转，仿佛眼前已见重湖叠巘之景象。"柳暗"二字是仄声，音值稍短，但语气不要过重，吟出开朗明快之感。颈联转至人事，节奏点"随""冠"和韵字"存"长吟，古人重祭祀，吟诵语气稍加重，气沉丹田，庄重典雅。注意"朴"是入声字，吟诵此字时，不可过分延长音值。尾联音调上扬，"闲"扬至最高，表达出诗人对悠闲安适生活的无限向往。

34　南乡子·登京口北固亭有怀

(宋)辛弃疾

何处望神州[1]？满眼风光北固楼。千古兴亡[2]多少事？悠悠[3]！不尽长江滚滚流。　　年少万兜鍪[4]，坐断东南战未休[5]。天下英雄谁敌手[6]？曹刘[7]。生子当如孙仲谋[8]。

作者介绍

辛弃疾(1140—1207)，南宋豪放派代表词人。字幼安，号稼轩，历城(今山东济南)人。出生于中原沦陷金人时期。少年时曾聚众两千，参加耿京的抗金义军，失败后率部南归。历任湖北、江西、湖南、福建安抚使等职，后曾长期闲居江西上饶铅山一带。辛弃疾是勇略兼备的豪杰，一生抗金之志遭到压抑，不得伸展。其词以豪放为主，与苏轼并称"苏辛"，有《稼轩长短句》。

注释

[1]望：眺望。神州：这里指中原地区。
[2]兴亡：指国家兴衰、朝代更替。
[3]悠悠：连绵不尽的样子。
[4]兜鍪(móu)：头盔，这里代指士兵。

[5]坐断:占据,割据。休:停止。

[6]敌手:能力相当的对手。

[7]曹刘:指曹操、刘备。

[8]生子当如孙仲谋:引用《三国志·吴书·吴主(孙权)传》注:曹操尝与孙权对垒,见舟船、器仗、队伍整肃,叹曰:"生子当如孙仲谋,刘景升(即刘表,字景升)儿子若豚犬(猪狗)耳。"

导读

辛弃疾不是一般的文人,他首先是豪杰,有于千万军中取其上将首级的经历,勇敢无畏。他一生力主抗金,却一直遭到压制,常怀一腔悲愤与不满。词作怀古讽今,委婉抒发其抑郁及怨愤。辛弃疾多年闲居后重新被任用,知守镇江,当时宋、金本来以淮河为界,但金人多破约南犯,镇江遂为南宋防卫重地,这里在历史上也是南北方的战略要冲。上片写辛弃疾重登战地北固楼,面对北方,甚有风景不殊、山河改异之慨。第一句"何处望神州"意味着身下所居已不是往昔的神州,眼前无限的神州,只能是站在神州之外的北固楼上眺望了,字里行间充满了失望、愤慨和伤感。触景生情,历史上无数的兴亡旧事,随着眼前滚滚东去的长江之水涌上心头,感慨深长,余味不尽。

下片写少年孙权英姿雄发,率兵数万,坚守东南,虽然较曹、刘年少稚嫩,但气概不凡,直与曹、刘厮杀抗衡,盛赞孙权勇武胆识的英雄本色,暗中贬讽南宋朝廷虽然也居东南,却苟延偷生、懦弱无能。借曹操对孙权的称赞,隐喻当权者平庸,可谓意在言外,得婉曲之妙。词作三问三答,前后呼应,忧思深远,悲愤慷慨,是一篇难得的佳作。

南乡子·登京口北固亭有怀

(宋)辛弃疾

何处望神/州？满眼风光/北固楼。千古兴亡/多少事？悠悠！不尽长江/滚滚流。

年少万兜/鍪，坐断东南/战未休。天下英雄/谁敌手？曹刘。生子当如/孙仲谋。

吟诵提示

这是辛弃疾一首著名的豪放词,吟诵时起调高昂,音节铿锵,逐步转向怀古、感伤。全词上下片各五句,两字句和五字句各一句,七字句各三句。五字句和七字句都是律句,一般来说,律句按照吟诵格律诗的方法吟诵即可。为了更好地表达词人的情感,还应该注意以下几点。

"何处望神州？满眼风光北固楼",词句落笔就是对沦陷金人手中的半壁江山的思念,抒发了对祖国分裂的苦闷,除按照律句的要求吟诵外,"何"字的音调可适当高一些,突出在什么地方可以看见中原大地的疑问。"千古兴亡多少事"句中的"多"字不仅要适当长吟,语调还应该升高,语气加重,表示对第二个疑问"多少事"的重视。"悠悠"需要长吟,将词人对千古兴亡的感慨抒发出来。"不尽长江滚滚流"的"滚"字是仄声字,但"滚滚"是联绵词,所以第二个"滚"字可适当长吟,并偷换一口气,为长吟上片最后一句的韵字做准备。

下片的吟诵基本上与上片一样,语调依然是感慨之中有怀古、苦闷。前两句按照吟诵格律诗的方法吟诵,"天下英雄谁敌手"的"雄"字自然要长吟,"谁"字也要适当长吟,并加重语气,既是对第三个疑问的重视,又是以反问句的形式表达作者对孙权英勇善战的仰慕。"曹刘"需长吟,表达词人对曹、刘二人的敬仰。"生子当如孙仲谋"的"如""孙"两字应语气放缓,"谋"是韵字,尤其应该长吟,将对朝中贪生怕死的朝臣的讽刺和自己的一腔爱国之情舒缓地表现出来,做到有张有弛。

总之,这首词的吟诵还是有一定难度的,不要一味强调这是一首豪放词,音调一直在高位上走,而应该有高有低、有急有缓,这样才能把词人的感情真正表达出来。

35　破阵子·为陈同甫赋壮词以寄之

(宋)辛弃疾

醉里挑灯[1]看剑[2],梦回吹角连营。八百里[3]分麾下[4]炙,五十弦翻塞外声[5]。沙场秋点兵[6]。马作的卢飞快[7],弓如霹雳[8]弦惊。了却君王天下事[9],赢得生前身后名。可怜白发生!

注释

[1]挑灯:拨动灯火,点灯。

[2]看剑:查看宝剑,意思是准备上战场杀敌。说明作者即使在醉酒之际也不忘抗敌。

[3]八百里:指牛。《世说新语·汰侈》"晋王恺有良牛,名'八百里驳'"。后词多以"八百里"指牛。

[4]麾下:指部下。麾,军旗。

[5]五十弦:本指瑟,泛指乐器。翻:演奏。塞外声:以边塞作为题材的雄壮悲凉的军歌。

[6]点兵:检阅军队。

[7]马作的卢(dílú)飞快:战马像的卢马那样跑得飞快。作,像……一样。的卢,一种额部有白色斑点的烈性快马。相传刘备曾乘的卢马从襄阳城西的檀溪水中一跃三丈,脱离险境。

[8]霹雳:特别响的雷声。比喻拉弓时弓弦的响声如惊雷。

[9]天下事:此指收复中原之事。

导读

时辛弃疾闲居在家,陈亮过访,留住十日,二人纵横议论,别后陈亮赴军。辛弃疾赋词寄之述志。大概陈亮赴军激发了他的抗敌情怀。辛弃疾在词中回忆了少年抗金的战斗生活,表达其坚持收复河山、立功扬名的壮志,也抒发了功业未就、壮志难酬的悲愤心情。起句从深夜难眠、借酒解忧、挑灯看剑的细节写起,表明词人虽赋闲在家,却念念不忘抗金的豪情壮志。醒着如此,梦里亦回到连营片片、号角声声的火热军旅生活,与将士们一起分享大块牛肉,一起弹奏悲凉的军乐,斗志昂扬,随时准备投入战斗。

下片描绘了激烈艰险的战斗场面,战马像的卢,风驰电掣,奔赴战场;硬弓声如雷鸣,使敌人胆战心惊,这样的军队、这样的装备,与敌交战肯定是摧枯拉朽、势如破竹。战争的胜利不仅是完成君王的使命,收复沦陷的河山,亦是功在当代、利泽千秋的伟业。至此,词人的满怀豪情得到充分的抒发。然而,激情正高处,笔锋陡然一转,一句"可怜白发生",将似火的热情一下降到冰点:自己空有一腔热血,始终没有得到参战的机会,痛苦啊!郁闷啊!感情激越,惊心动魄。

破阵子·为陈同甫赋壮词以寄之

(宋)辛弃疾

醉里挑灯／看剑,梦回／吹角连营。八百里分／麾下炙,五十弦翻／塞外声。沙场／秋点

兵。　马作的卢／飞快，弓如／霹雳弦惊。了
却君王／天下事，赢得生前／身后名。可怜／
白发生！

吟诵提示

这首词抒写的是希望恢复国家统一的爱国热情,倾诉壮志难酬的悲愤,对当时执政者的屈辱求和颇多谴责,所以整首词的基调是激昂高亢,最后以低沉收尾。

"醉里挑灯看剑,梦回吹角连营",这两句虽然是六字句,但它们的第二、第四、第六个字分别是仄平仄、平仄平,只不过没有第七个字了,所以我们还是可以把这两个六字句视为律句。既然是律句,自然可以按照律句的要求去吟诵了。

"八百里分麾下炙,五十弦翻塞外声",这两句的前一句是仄起仄收,后一句是仄起平收,吟诵时应该略有变化,否则会有重复之感。前一句的"麾"字是平声字,又是在第五个字的位置上,可适当长吟。后一句"塞外声"则应该一气吟出,"声"是韵字,可以长吟。从语调上看,前一句起调要比后一句高一些,"五十弦翻"的起调是在"麾下炙"的基础上语调稍微高一些而已,所以吟到"塞外声"时已经又有所下降了。"沙场秋点兵"的"秋"是五言诗句的第三个字,适当长吟,将秋高气爽、草深马肥的时令特点表现出来,预示"点兵"出征,将所向无敌,定能一举收复失地。

下片"马作的卢飞快"吟诵时语速稍微放快,"飞"字可适当长吟,以便突出"快"字。"快"虽然是尾字,但为了强调的卢之"快",不宜长吟,稍微一顿即可。"弓如霹雳弦惊"句在"如"字长吟之后,下面的四个字一气吟出,才能把将军亲率铁骑,快马加鞭,神速奔赴前线,弓弦雷鸣,万箭齐发的意境

表现出来。"了却君王天下事,赢得生前身后名"两句吟诵时"天"字和"身"字都可以适当长吟,但"天"字吟诵的长度应该比"身"字长一些,语调可稍微重一些,以示"天下事"与"身后名"的区别。

"可怜白发生"是说词人由理想的高峰又跌回冷酷的现实,吟诵时一定要把"怜"字吟好,把作者万般无奈的感情融入其中。而后"白发生"吟诵时语调要放低,表现出作者对现实的无力感。

总之,这首词的吟诵难度不是很大,前九句都是以激情豪迈为主旋律,最后一句是以感伤悲愤为主旋律,只要掌握住感情的变化和落差,就能吟诵好这首词。

36 过零丁洋[1]

(宋)文天祥

辛苦遭逢起一经[2],干戈寥落四周星[3]。
山河破碎风飘絮,身世浮沉雨打萍。
惶恐滩[4]头说惶恐,零丁洋里叹零丁。
人生自古谁无死?留取丹心照汗青[5]。

作者介绍

文天祥(1236—1283),字履善,又字宋瑞,号文山,吉州庐陵(今江西吉安)人。南宋大臣、文学家。著有《文山先生全集》。此诗是文天祥被元军俘虏的第二年(1279)正月过零丁洋时所作。

注释

[1]零丁洋:在广东珠江口。
[2]经:儒家的经典著述。
[3]四周星:四年的意思。从德祐元年(1275)正月文天祥以全部家产充当军费,响应朝廷号召"勤王",至祥兴元年(1278)十二月在五坡岭战败被俘,正是四年时间。
[4]惶恐滩:本名黄公滩,后以音近讹传。滩在江西万安县境内。
[5]汗青:史册。古代以竹简记事。制简时须用火烤去竹汗(水分),称汗青。

导读

此诗是文天祥的代表作之一。作者被元军俘获后,元军一再逼他写信招降南宋在海上抵抗的张世杰,他出示此诗以明志节。

生死关头,作者回顾一生,首联写了两件大事:一是21岁以明经入仕,这是关系他个人政治前途的大事;二是起兵"勤王"抗元,这是关系宋王朝存亡的大事。颔联抒写国家命运与个人命运的紧密联系。国势衰微,风雨飘摇;个人遭际更如雨中浮萍,漂泊无根。颈联上句追忆当年兵败福建,心忧国事;下句写被俘后处境的孤独。作者用"惶恐滩"与"零丁洋"表达其昨日的"惶恐"和眼前的"零丁",一语双关,堪称绝妙。尾联郁结之气喷薄而出:"人生自古谁无死?留取丹心照汗青。"以高亢的情调收束全篇,突出了诗人舍生取义的生死观,成为千古传诵的名句。

过零丁洋

(宋)文天祥

辛苦遭逢／起一经,干戈／寥落四周星。

山河／破碎风飘絮,身世浮沉／雨打萍。

惶恐滩头／说惶恐,零丁／洋里叹零丁。

人生／自古谁无死?留取丹心／照汗青。

吟诵提示

这是一首仄起七言律诗,吟诵时停顿处是第一句第四个字,第二句第二个字,第三句第二个字,第四句第四个字,第五句第四个字,第六句第二个字,第七句第二个字,第八句第四个字以及韵字。简而言之,即四二二四四二二四及韵字。

这首诗的总体格调沉郁悲壮、凄楚惆怅,其浩然正气惊天地、泣鬼神。吟诵时总体节奏略慢一些,以突出慷慨悲歌之意。"经""星""萍""丁""青"五个韵字要拖长声音,每句中平音的关键字"逢""戈""河""沉""头""丁""生""心"声音也要拖长,但比韵字的音值略短。其中"河"字音略下沉,表现对山河破碎的痛心。"叹"是去声,要加重语气,表现悲壮抑塞的情感。第五句的"头"声音略高一些,强调这里是"惶恐滩",为后面的"说惶恐"做铺垫,情意显得更加浓厚。"说惶恐",本来的格律应该是"平仄仄",这里变成了"仄平仄",是特殊允许的变格,所以这第二个"惶"字大约是"头"字音值的一半,半吟即可。第六句的第二个"丁"字,除拖长音外,略带一丝颤音,把诗人孤苦伶仃的情感吟出来。末句去声"照"字声音要加重,振起有力,提携下文"汗青",表现壮怀豪迈的情感。"一""落""说"是入声字,要短促,开口即收。最后两句声音略高,显示诗人大义凛然的决心。

37 天净沙·秋思

(元)马致远

枯藤[1]老树昏鸦[2],小桥流水人家[3]。古道[4]西风[5]瘦马[6],夕阳西下,断肠人[7]在天涯[8]。

作者介绍

马致远(约1251—1321以后),字千里,号东篱,大都(今北京)人。元代杰出的戏曲作家、散曲家,当时即有"曲状元"之称。曾做过江浙行省官吏。晚年隐居,淡泊名利,投身于创作,自称"东篱本是风月主,晚节园林趣"。戏曲多写仙道,号"马神仙";散曲多写隐居生活,处世超然,与世无争,旷达恬淡。今人整理有《马致远全集校注》。

注释

[1]枯藤:枯萎的枝蔓。
[2]昏鸦:黄昏时归巢的乌鸦。昏,黄昏,傍晚。
[3]人家:农家。此句写出了诗人对温馨家庭的渴望。
[4]古道:已经废弃、不堪再用的古老驿道或年代久远的驿道。
[5]西风:寒冷、萧瑟的秋风。
[6]瘦马:骨瘦如柴的马。
[7]断肠人:形容伤心悲痛到极点的人,此指漂泊天涯、为思乡而愁肠

寸断的人。

[8]天涯：天边，非常远的地方。

导读

好的作品之所以感人，妙在能"移人之情"，即将读者的心志引入作者的情感氛围中并以作者的情感影响和取代读者的心境。

小令以三个短句工整排列了三组物象：枯萎的枝蔓，苍老的古树，还有归巢的乌鸦，都给人一种迟暮、压抑之感；小小的桥，潺潺的流水，路旁的农家，给人孤独寂寞之感；荒凉的古道，萧瑟的西风，还有骨瘦如柴的老马，都让人感到了日暮途穷、心疲力竭的无奈和悲愁。"夕阳西下"更给前面的凄凉之景笼罩了一层浓浓的暗色，加重了悲凉孤苦的氛围。卒章达意，一句"断肠人在天涯"流露出游子羁旅天涯的孤独与悲伤。

小令直接排列九个名词，一词一画，九画一景，景景皆在眼前，达到以景物渲染气氛的极致。篇末的点题将前面的散景意绪集中凝结在了"断肠"二字上，十分有力。小令语言简洁精练，余味悠长，后人称之为"秋思之祖"。

天净沙·秋思

（元）马致远

枯藤／老树昏鸦，小桥／流水人家。古道西风／瘦马，夕阳／西下，断肠／人在天涯。

吟诵提示

曲是由词发展变化而来的，较词更为接近歌唱，对平仄格律的要求也更为宽松，吟诵时可以借鉴词的吟诵方法。小令是较短小的词。马致远以二十八个字勾画出了一幅羁旅荒郊图，堪称元代小令的代表作。整个小令共五句，四个六字句和一个四字句，全是律句，吟诵时按照相应的吟诵方法即可。另外，这个小令虽然是句句用韵，但第一、二、五句押的是平声韵，第三、四句押的是仄声韵，吟诵时还要稍微注意一下。

"枯藤老树昏鸦，小桥流水人家"两句的节奏点都在第二个字上，同时，第五个字都可以适当长吟，营造一种凄冷幽暗的气氛，又显示出一种清新宁静的境界，因而起调不可太高亢，中等偏低，放慢语速，缓缓长吟。

"古道西风瘦马"句音调应适当提升，把猎猎西风的意境表现出来。"瘦"字可稍微停顿一下，以强调马的形态；"马"字虽然是仄声字，但它处在韵字的位置上，可以适当长吟。"夕阳西下"中"阳"字在节奏点上，可以长吟；"西"字表示夕阳的位置，可以适当长吟；"下"字是韵字，尽管它是仄声字，还是应该适当长吟。"断肠人在天涯"句的节奏点"肠"字自然应该长吟，"人"是此句的主体，但前面的"肠"字已经长吟了，此处可稍微停顿一下，表示重视。"天"字适当长吟，"涯"是韵字，也要长吟，这样才能将诗人怀才不遇的悲凉情怀及漂泊天涯的旅人愁思生动地体现出来。

总之，小令一般字数不多，吟诵不是很难，只要掌握吟诵的基本规律，就能吟诵好。本小令的吟诵关键在于把握住作者凄凉、悲苦的心态，以中等的音高、缓慢的语速来吟诵，就能把作者的心境展示出来，收到良好的吟诵效果。

38 山坡羊·潼关怀古

(元)张养浩

峰峦如聚[1]，波涛如怒[2]，山河表里[3]潼关[4]路。望西都[5]，意踌躇[6]。伤心[7]秦汉经行处[8]，宫阙万间都做了土。兴，百姓苦；亡，百姓苦。

作者介绍

张养浩(1270—1329)，字希孟，号云庄，济南(今属山东)人。元代著名散曲家。曾任监察御史、礼部尚书、中书省参议等职。为人正直，直言敢谏。文宗天历二年(1329)，关中大旱，张养浩为陕西行台中丞，负责赈灾，散尽家财，周旋赈灾，忧劳病卒。张养浩长于散曲，隐居老家云庄期间，著有《云庄休居自适小乐府》。作品笔锋尖锐，风格沉郁，语言质朴豪放。

注释

[1]聚：聚拢，包围。

[2]怒：指波涛汹涌。

[3]山河表里：外面是山，里面是河，形容潼关一带地势险要。具体指潼关外有黄河，内有华山。

[4]潼关：古关名，现属陕西潼关，关城建在华山山腰，下临黄河，非常险要。

[5]西都:指长安(今陕西西安),这里泛指秦汉以来在长安附近所建的都城。古称长安为西都,洛阳为东都。

[6]踌躇:犹豫,徘徊不定,心事重重。

[7]伤心:令人伤心的事。

[8]秦汉经行处:秦朝都城咸阳和西汉的都城长安都在陕西潼关的西面。经行处,经过的地方,指秦汉故都遗址。

导读

张养浩乡居多年后,元文宗天历二年,"关中大旱,饥民相食",他被任命为陕西行台中丞,负责赈灾。小令即写于他赴任路过潼关之时。

潼关是中原通向关中的要塞,历史上无数次关乎国家危亡的重大战争都发生在这里,无数次惨烈的战争仿佛还留存在这片时空中:聚拢的山峰,愤怒的波涛,唤起作者对历史上曾经发生过的无数激战的回忆,引发了作者无限的遐想。"望西都,意踌躇"简洁地表述了其无尽的感慨,用词十分精到。"伤心秦汉经行处,宫阙万间都做了土",作者以借代的手法,以秦汉兴亡、宫阙焦土表达了古往今来无数战争给社会文明带来的灾难。难得的是作者没有阐发天道循环的虚无哲理,而是落脚于"兴,百姓苦;亡,百姓苦",对黎民百姓充满同情与关心,表现了作者的仁者情怀。

山坡羊·潼关怀古

(元)张养浩

峰峦／如聚,波涛／如怒,山河／表里潼关路。望西／都,意踌／躇。伤心／秦汉经行处,宫阙万间／都做了土。兴，百姓苦；亡，百姓苦。

吟诵提示

《山坡羊·潼关怀古》是张养浩晚年的代表作，也是元代散曲不可多得的思想性和艺术性都很高的作品。吟诵时，起调以中等偏上为宜，注意感情要饱满，富有激情。整个小令共九句，第四、第五句押平声韵，其余七句押仄声韵。吟诵时要有所区别。

吟诵前两句，起调要中等偏高一些，吐字要浑厚，语速要缓慢，除节奏点上的字和韵字外，两个"如"字都可适当长吟，两个韵字都是仄声字，所以不宜吟得过长，稍微短一些，才能把作者的感情淋漓尽致地表现出来。"山河表里"句除节奏点上的"河"和韵字"路"外，"关"字也应该长吟，以突出作者所处的位置及潼关之险要。在长吟的同时，声调还可以适当升高。"望西都"两句的平仄格律一样，吟诵时前一句在音调上可适当放轻，后一句语气可适当加重；"都"和"躇"都是平声韵字，前一个可适当长吟，后一个长吟的节拍可适当拖长，使前后两句在吟诵上有所区别。"伤心秦汉经行处"句的节奏点在"心"字上，通过长吟将作者内心的酸苦都表现出来。此外，"行"字可适当长吟，表明作者路过潼关，行经此处。"宫阙万间都做了土"以下三句的吟诵难度较大。"宫阙万间"句的节奏点在"间"处，"都"字也可长吟，突出战争的残酷性，没有什么人能逃脱战争的伤害。"土"是韵字，自然要长吟，这样，此句要停顿三次，以缓慢低沉的吟诵遣责统治者的争权夺利给老百姓带来的苦难。最后两句乃千古警句，平仄结构完全一样，只能通过语调的高低变化使之有所区别。

总之，全曲以"峰峦如聚，波涛如怒"开头，感情有如千尺瀑布，飞流而下，最后以对百姓的关心、同情结束，吟诵的音高也应该从高处向下走，感情应越来越低沉，语速应越来越缓慢，才能达到吟诵的目的。

39　己亥[1] 杂诗

(清)龚自珍

浩荡离愁白日斜[2]，吟鞭[3]东指即天涯。
落红不是无情物，化作春泥更护花[4]。

作者介绍

龚自珍(1792—1841)，字璱人，号定盦，浙江仁和(今浙江杭州)人。近代思想家、文学家。平生著作甚富，后人辑为《龚自珍全集》。

注释

[1]己亥：清道光十九年(1839)。
[2]白日斜：夕阳西下的黄昏时分。
[3]吟鞭：诗人的马鞭，意为诗人骑在马上吟诗。吟，指吟诗。
[4]落红不是无情物，化作春泥更护花：暗示自己虽然辞官，但仍会关心国家的前途和命运。落红，落花。

导读

杂诗，一般指在一个时期所作不拘体例、想到什么就写什么的诗作。己亥这一年，龚自珍辞官南归，后又北上迎接家属，在途中写了315首短诗，多为咏怀和讽喻之作,这是其中的第五首。此诗一方面抒发诗人离京南返时的愁绪,另一方面表达诗人虽已辞官,但仍希望为国效力的深沉感情。

　　诗的前两句抒情兼叙事,在无限感慨中表现出豪放洒脱的气概。"白日斜"点明了离别的时间,抒发了离别的忧愁。"吟鞭东指"抒写了离别京都的心情:远离官场没有人事的纠纷,自由洒脱;失去为民效力的机会,又有一丝失落感。诗的后两句笔锋一转,以花自喻,融入议论,表明心志。"落红"虽然脱离花枝,但能化为春泥滋养他花。诗人虽然脱离官场,但仍愿为国效力,映衬出诗人崇高的人格境界。

　　龚自珍论诗曾说:"诗与人为一,人外无诗,诗外无人。"这首小诗将政治抱负和个人志向融为一体,将抒情和议论有机结合,形象地表达了诗人复杂的情感,感人至深。

己亥杂诗

（清）龚自珍

浩荡离愁／白日斜,吟鞭／东指即天涯。

落红／不是无情物,化作春泥／更护花。

吟诵提示

　　这是一首标准的仄起七言绝句,按照吟诵格律诗的要求,各句停顿处是第一句的第四个字,第二句的第二个字,第三句的第二个字,第四句的第四个字以及韵字。简而言之,即四二二四及韵字。

　　本诗为咏怀诗,在浓郁的离愁之中还有对未来的自信,感情基调应该是忧伤之中兼有豪迈。前两句在叙事中夹杂着诗人的离愁别绪,所以起调不宜过高,中等偏低为宜。"斜"吟诵时应读作 xiá,与"涯""花"押韵。除节奏点上的字及韵字之外,"东"可以适当长吟,表明自己行程的方向。"天"字应该长吟,说明自己的行程乃是天涯海角,通过长吟将诗人漫长的行程表现出来。第三句的"无情"二字是诗人要重点强调的,所以都可以适当长吟,尤其是"无"字,通过长吟引起听者的重视。最后一句的"春泥"二字用情极深,让人感觉到一种生命的张力,吟诵时要特别注意。"更"字虽然是仄声字,但是要表达诗人情系国事,仍然忧国忧民、关心青年一代成长的博大胸怀,所以要加重语气。

总之,吟诵这首诗并不难,难的是如何通过吟诵把诗人丰富的感情、复杂的心理表现出来,一定要先把握好诗人的用情点,才能收到最好的吟诵效果。

40 满江红·小住京华

(近代)秋瑾

小住京华[1],早又是,中秋佳节。为篱下,黄花开遍,秋容如拭。四面歌残终破楚[2],八年风味徒思浙[3]。苦将侬,强派作蛾眉,殊未屑[4]！身不得,男儿列。心却比,男儿烈[5]！算平生肝胆[6],因人常热。俗子胸襟谁识我？英雄末路当磨折。莽红尘,何处觅知音？青衫湿[7]！

作者介绍

秋瑾(1875—1907),原名闺瑾,字璿卿,号竞雄,别号鉴湖女侠,浙江山阴(今浙江绍兴)人。幼怀大志,精诗文,爱骑马击剑,豪侠勇武,敢作敢为。清光绪三十年(1904)夏,东渡日本留学,次年加入光复会和同盟会,归国后从事妇女解放和民主革命活动,曾组织光复军起义,失败被害。诗词豪迈,笔调雄健,感情奔放,有《秋瑾集》行世。

注释

[1]京华:京城之美称。因京城是文物、人才汇集之地,故称为京华。

[2]四面歌残终破楚:此处用《史记·项羽本纪》中汉军破楚的故事来比喻说明自己终于冲破家庭牢笼。

[3]八年风味徒思浙:应为"徒思浙八年风味"的倒装,指作者在浙江时

过着貌似贵妇的生活,实则处于被奴役的地位。

[4]蛾眉:女子长而美的眉毛,代指漂亮的女子,美女。这里指作者当时的贵妇身份。殊未屑:仍然不放在心上。

[5]烈:刚烈。

[6]肝胆:指真诚的心。

[7]青衫湿:唐代白居易《琵琶行》中有"江州司马青衫湿"句,指眼泪打湿了衣服。

导读

这是一首诀别词,秋瑾自幼许配给富家公子王廷钧,二人志趣迥异,十分不和谐。词中毫不遮掩地表达了她对八年来家庭生活的不满和没有知音的苦闷,同时也表达了她挣脱牢笼的轻松感。

上片叙述了词人挣脱家庭束缚和初到京城的欣悦,中秋佳节,黄花满地,秋景如洗,清爽净洁。继而用楚汉战争中汉军乌江破楚的典故表达了她通过抗争获得自由的快意,抒发了自己过去八年牢笼生活的感受,显示了词人志趣高远的英雄本色。

下片直抒胸臆,承上表达其身虽不得列于男儿之行,但心却比男儿更雄壮的非凡气概,所以才"算平生肝胆,因人常热"。可惜其女身男胆世间竟无知音,让词人深感行路艰难。她的伟岸刚烈与凌云壮志,就算在茫茫人间,也是知音难觅,无处抒发愁思与落寞。

一位女词人能直抒胸臆,率直真诚,热烈豪迈,肝胆相见,的确撼人心魄。正如王国维所说,"能写真感情者,谓之有境界"。

满江红·小住京华

(近代) 秋瑾

小住京华,早又是,中秋／佳节。为篱下,黄花／开遍,秋容／如拭。四面歌残／终破楚,八年／风味徒思浙。苦将侬,强派作蛾／眉,殊未屑！身不得,男儿列。心却比,男儿烈！算平生／肝胆,因人／常热。俗子胸襟／谁识我？英雄／末路当磨折。莽红尘,何处觅知／音？青衫湿！

吟诵提示

　　这首词是秋瑾的言志抒怀之作。上片重抒情,讲自己婚姻生活八年,外人看来安逸奢华、悠闲惬意,实际自己却因志向不得施展,被囚禁在婚姻牢笼之内,内心苦不堪言。最后终究残歌破楚、冲出牢笼,自此不屑做"蛾眉"。下片重言志。女儿身,男儿心,平生肝胆因人热。即使现在知音难觅、好友难寻,不觉"青衫湿",却依然愿意去"莽红尘"中细细寻觅。上下片吟诵时感情也不同。

上片第一句是曾经生活的回忆,虽富贵却非平生所系。吟诵时起调不宜高,过程低缓,其中"华"是平声字,应适当拖音,表现当时的沉闷心情。"为篱下"至"八年风味徒思浙"几句作者的心境发生了改变,且都是以"下""遍""拭""楚""浙"这样的仄声字收尾,因此吟诵时调子应由低转高、由缓转急,收音短促,显现作者的迫切与坚定。"苦将侬"三句尾字分别为"侬""眉""屑",二平一仄,吟诵到这一句语速应慢下来,"侬"与"眉"处适当拖音,"屑"处干脆利落,生动展现作者对所谓贵妇生活的鄙视与不屑。

下片前四句是作者内心的直接剖白,吟诵语调高亢、铿锵有力。转下四句,基调不变,速度略缓,收音简短有力,诵出英雄豪气。最后三句,知音难觅、泪洒青衫,但心情却非颓唐,而是对前路充满热情与期待,因此,虽然在"尘""音"处有拖音,但并不沉闷。

秋瑾写这首词时的心情应该是由沉闷转向喜悦,兼之以慷慨告白,吟诵时应注意这些,随之转换语速语调。

41 《论语》十二则

1.子[1]曰:"学而时习之[2],不亦说[3]乎?有朋自远方来,不亦乐[4]乎?人不知而不愠[5],不亦君子[6]乎?"(《学而》[7])

作者介绍

《论语》是孔子弟子和后学所记有关孔子言行的著作。孔子(前551—前479),名丘,字仲尼,鲁国陬邑(今山东曲阜东南)人。少时丧父,由母亲抚养教导。他好礼勤学,曾任鲁国贵族季氏的"委吏""乘田"等职,后长期设教授徒。鲁定公时曾为司寇、司空,后与鲁国独揽大权的季氏家族产生矛盾,被迫周游宋、卫、陈、蔡、齐等国而皆不被信用。晚年归鲁,以讲学终老。他编订《诗》《书》,修纂《春秋》,教授生徒相传达三千人,有名姓可考的七十余人。孔子去世后,其弟子及后学记录编纂其言行为《论语》二十篇,以语录体写成,文字朴素精练,偶有活泼生动的描写,是研究孔子生活、思想的重要资料。

注释

[1]子:《论语》"子曰"的"子"都是指孔子。
[2]时:在一定的时候。习:温习、实习。
[3]说:通"悦",高兴、愉快的意思。

[4]乐:快乐。

[5]人不知:别人不了解我的才能。愠(yùn):怨恨。

[6]君子:品德高尚的人。《论语》中的"君子"有时候指品德高尚的人,有时候指地位高的人。

[7]《学而》:《论语》书中的篇名,《论语》二十篇的篇名,一般是选取每篇第一章的前两字(或三字),以下每则后面括号里都是如此。

导读

这一则是《论语》首篇首章,主要讲学习的方法、学习的乐趣和态度,可见孔门对"学"的重视,不仅重视"学"的方法,要时时温习,同时也以和朋友、同学互相切磋为乐事。在这两个层次之后,更高的层次是对待自己的态度,形成一种别人不了解自己而自己并不恼怒的内在修为。学习、切磋和形成自己的品格之间可谓是层层递进,构成了"学"的阶梯,可以看作是《论语》对"学"的纲要式解释。

这一则以一个"乐"字贯穿始终,学习而时常温习便可有所进步,是一种快乐;与朋友切磋交流而有所启发,是一种快乐;形成自己的品格,不受他人言语的影响,也是一种快乐。"乐"字也可以看作是孔子以及孔门弟子对生活的态度,是一种安贫乐道的精神体现。

2.曾子[1]曰:"吾日三省吾身[2]:为人谋而不忠乎?与朋友交而不信乎?传不习乎[3]?"(《学而》)

注释

[1]曾子:孔子的学生,名参,字子舆,比孔子小四十六岁。

[2]日:每天。三省:多次自己反省。三,这里是多次的意思。

[3]传不习乎:老师传授我的学业是否复习了呢。

导读

曾参作为孔子的弟子之一,每天多次对自己的思想、行为进行反省,主要是三个方面的内容:尽心尽力谋划的对象、与朋友相处的态度、老师传授的内容。其实这三个方面只是对他在工作、交往、学习三个方面的概括,而这种反思的意识和精神贯穿在他的生活之中,这种意识和精神对我们每个人都是有意义的。在这样不断自我反思中,我们才能够真正地进步,成为一个有成就、有修养,并且学会自我教育的人。

3.子曰:"吾十有五而志于学[1],三十而立[2],四十而不惑[3],五十而知天命[4],六十而耳顺[5],七十而从心所欲,不逾矩[6]。"(《为政》)

注释

[1]有:通"又"。志于学:立下钻研学问的志向。
[2]立:说话做事都有把握。
[3]不惑:掌握了知识,不至于迷惑。
[4]知天命:懂得一切事物都有其所以然的缘由而不去违拗它。
[5]耳顺:各方面的意见都能加以倾听。
[6]逾矩:越出规矩。

导读

这一则经常被认为是孔子对自己一生各个时间段的描述。孔子说:

"我十五岁,有志于学问;三十岁,懂得礼;四十岁的时候,掌握了各种知识,不至于迷惑;五十岁的时候,懂得了天下万事万物都有其不以个人的意志为转移的道理;六十岁的时候,能倾听并采纳各种不同的(特别是与自己意愿相违的)意见;到了七十岁的时候,即便是随心所欲,任何念头也都不会逾越规矩、突破法度。"这里的"吾十有五而志于学"与我们现代意义上的学习是不一样的,而且据史书记载,孔子在很小的时候就非常好学,连玩耍的时候也喜欢摆弄礼器,所以一般情况下,我们认为这一句一方面是孔子的自谦之词,另一方面这里的"学",并不是学具体的知识,而是学"道"。因为《论语》里面有"不学礼,无以立"这样的话,所以我们认为"三十而立"指的是三十岁的时候知道以礼行事。

4.子曰:"温故而知新[1],可以为师矣[2]。"(《为政》)

注释

[1]温故而知新:在温习旧知识时,能有新体会、新发现。
[2]可以为师矣:就可以成为自己的老师,进行自我教育。

导读

这一则的意思是经常反复地温习自己已经学习过的知识,就有能力进行自我教育。孔子一直重视温习的重要性,在《论语》的首章就提出"学而时习之",一个能够在一遍遍的温习中获得新的心得和体会的人,是一个真正懂得学习的人。

5.子曰:"学而不思则罔[1],思而不学则殆[2]。"(《为政》)

注释

[1] 学而不思：仅仅照本宣科，不假思索。罔：昏昏然无所得。
[2] 思而不学：一味思索而不广泛学习。殆：空耗精神而无所得。

导读

这一则的意思是说，一个人如果光读书本不进行思考就容易迷惘，无心得；同样，一心一意地思考，却不注重去学习，那也是白费心思，难有真知灼见。学思并重、好学深思是孔门教育的一大特点，也是我们在学习过程中需要时时注意的。

6.子曰："贤哉，回[1]也！一箪食[2]，一瓢饮[3]，在陋巷，人不堪其忧[4]，回也不改其乐。贤哉，回也！"（《雍也》）

注释

[1] 回：颜回，字子渊，是孔子著名的学生。在孔门诸弟子中，孔子对他称赞最多，不仅赞其"好学"，而且还称其为"仁人"。
[2] 一箪食：一竹筐饭。这里是说颜回吃饭极其简单。箪，古代盛饭的竹器，圆形。
[3] 饮：这里指水。
[4] 堪：忍受。忧：这里指吃穿简陋、穷苦的忧愁。

导读

颜回生活相当贫穷，却处之泰然，不因此而妨碍他追求知识和提高修养的快乐,所以孔子连连感慨"颜回是个大贤人啊",极尽赞美之意。这一则向来被认为是孔子评价颜回的语句中最具有诗意的,这样一种通过反复咏叹来表达赞赏的方式能够让读者的感受更为充分和强烈。短短一则文字,"回也"二字重复了三次,"贤哉"二字重复了两次,且又多出了"人不堪其忧"五字,像是虚设。如果改为"一箪食,一瓢饮,在陋巷,不改其乐。贤哉,回也",意思似无变化,但是那种回环往复的赞美之情则减损不少,文学的意味也就失去了。孔子所称赞的颜回那种安贫乐道的精神,非常深远地影响了一代代中国人,这种精神正是通过这些极富表现力的文字传递于后世的。

7.子曰:"知之者不如好之者[1],好之者不如乐之者[2]。"(《雍也》)

注释

[1]知之者:指懂得它(学问和事业)的人。不如:比不上。好之者:喜爱它的人。
[2]乐之者:以它为乐的人。

导读

懂得学问的人若不能喜好学问,便是没有真正懂得学问;喜好学问的人若不能够在其中找到乐趣,便不是真正地喜好学问,这种喜好与乐趣正是古今中外所有求取学问、成就事业的人共同体现出来的一种可贵品质。

8.子曰:"饭疏食饮水[1],曲肱[2]而枕之,乐亦在其中矣。不义而富且贵,于我如浮云[3]。"(《述而》)

注释

[1] 饭疏食饮水：吃粗粮，喝冷水。疏食，粗粮。

[2] 曲肱：弯着胳膊做枕头。肱，胳膊。

[3] 不义而富且贵，于我如浮云：干不正当的事而得来的富贵，在我看来好像是浮云一样。

导读

吃粗粮，喝冷水，困窘得枕着自己的胳膊睡觉，这些并不能让人快乐，快乐在于增进德行、修习学业。虽然处在穷困之中，也能够让快乐无处不在，这是一种淡定而从容的境界，在困境之中依然可以把不义的富贵看作过眼云烟一般清淡，自古以来的圣人、贤者，无不是首先具备了这样的人生境界才成就其地位的。

9.子曰："三人行，必有我师焉[1]。择其善者而从之[2]，其不善者而改之[3]。"（《述而》）

注释

[1] 必有我师焉：一定有可以做我老师的人。

[2] 善：优点。从：跟从，效仿。

[3] 不善：缺点。改：改正。

导读

这里的"三"是虚指，是说和别人一起，里面一定有人可以做我的老师，有的人有好的德行和学问,有的人没有好的德行和学问,我可以向德行和学问比我好的人学习,同时看到别人的缺点,也自我反省引以为戒,这样就可以不断进步。

10.子在川上[1]曰:"逝者如斯夫[2]!不舍昼夜[3]。"(《子罕》)

注释

[1]川上:河边。
[2]逝者如斯夫:消逝的时光像流水一样。
[3]不舍昼夜:日夜不停地流去。舍,停留。

导读

这一则非常有画面感,我们可以想象,浩渺的天地之间,宽衣博带的孔子站在河边,看着浩浩荡荡的水流不断地消逝,悠悠道出"逝者如斯夫!不舍昼夜",是何等意味悠长。这是中国文学史上第一个用流水的永不停歇来感慨时光易逝的比喻,无论是"君不见黄河之水天上来,奔流到海不复回。君不见高堂明镜悲白发,朝如青丝暮成雪",还是"不见江月待何人,但见长江送流水",这些美丽的篇章背后都蕴含着与"逝者如斯夫"一样的哲理。透过这一句"逝者如斯"的感叹,我们似乎看到了那个为追求理想而汲汲奔走的老者,看到他那面对河水感悟到时光匆匆流逝而更加坚定不移地追求人生真谛的身影。这既是对时间无情流逝的感慨,更是对人生"及时当勉励"的领悟。

11.子曰:"三军[1]可夺帅也,匹夫不可夺志[2]

也。"(《子罕》)

注释

[1]三军:指军队。周朝的制度,诸侯中的大国可以拥有三军。因此便用"三军"作军队的统称。

[2]匹夫:一个男子汉。不可夺志:不能强迫他放弃主张。志,主张。

导读

这一则主要是讲一个人的志向一定要坚定,对于真理的追求要做到矢志不渝。尤其是将一个人的志向和三军统帅相比,更体现出个人志向或者说是志气的重要性。

12.子夏[1]曰:"博学而笃志[2],切问而近思[3],仁[4]在其中矣。"(《子张》)

注释

[1]子夏:卜商,字子夏,孔子弟子,以"文学"著称,后教授于西河之上,形成"西河学派"。

[2]博学:广泛地学习。笃志:坚守自己的志向。

[3]切问:恳切地发问。近思:思考当前的问题。

[4]仁:仁德。"仁"是《论语》中非常重要而含义甚广的一个概念,里面包含了古代精英人物必须具备的孝、悌、忠、恕、礼、知、勇、恭、宽、信、敏、惠等诸多修养。

导读

"仁"是孔门非常重要的一个道德标准和道德追求,是孔子评价人物的重要依据。这一则中,子夏认为想要达到"仁"这一标准,必须具备四个方面的条件,即广泛地学习、具有坚定的志向、恳切地发问、思考当前的问题。反之,我们若只是广泛地学习而没有坚定的志向,就会让学习漫无边际而无所成就,若只是泛泛地发问、思考不着边际的问题,就会劳而无功。

吟诵提示

严格来说,文的吟诵应该称为诵读,诗词的吟诵称为吟咏。诵读和吟咏虽然从属于吟诵,但是二者有异有同。从吟诵的规律性、音乐感方面来看,文的诵读明显不如诗词的吟诵;从遵循四声的要求、遵循感情表达需要诸方面来看,二者又有相同之处。文的吟诵也比较复杂,文体不同,吟诵的方法也不相同。赋、骈文、铭文和带有一定押韵色彩的散文属于一类,一般的说理文、叙事文及史传文属于另一类。前者与诗词的吟诵有相近之处,后者与诗词的吟诵差别较大。

《论语》记载了孔子及其弟子的言行,吟诵时要想表现出温文尔雅、雍容大度的气质和神态,除把四声吟诵准确外,还应该做到四点:(1)语速适当放慢。孔子出身贵族,那时的贵族都以举止端庄、谈吐沉稳为美,所以我们吟诵《论语》时也应该放慢语速,一字一腔,才能将孔子文质彬彬、温文尔雅的风采表现出来。(2)句尾长吟以示句读。格律诗的字数是确定的,词牌确定之后每句的字数也是确定的,古诗每句的字数虽然各有不同,但还有一个基本规律,而文则不同,每句的字数毫无规律可言。因此,我们在吟诵一句结束时,一定要适当长吟,使听者知道这是一句的结束。(3)虚词长吟。《论语》中有许多虚词,如"而""乎""矣""之"等,在吟诵时,如果虚词在句尾,自然应该长吟;如果虚词在句中,也应该适当长吟,因为虚词在句中很大的作用就是调节语速。(4)通过吟诵将人物的感情表达出来。吟诵时一定要吃透文意,把握住关键字行腔的高低、拖音的长短。例如,吟诵"学而时习之,不亦说乎"时,应该给人以轻松、舒缓、悠游不迫之感,关键字"习"和"说"不仅需要长吟,而且音调还应该适当升高,方能将孔子的情感充分地表现出来。吟诵"有朋自远方来,不亦乐乎"时,要有惊讶、兴奋、喜出望外之感,关键字"来"和"乐"都应该长吟并加重语气,以示强调。吟诵"三军可夺帅也,匹夫不可夺志也"时则须语气坚定、自信,如有金石撞击之声,才能把孔子对人有坚定志向的重视和赞赏表现出来,关键词"三军"和"夺志"都应该加重语气,适当长吟。

　　总之,文的吟诵比诗词的吟诵难度更大,而且每篇文的作者、内容、文体模式几乎都不相同,所以文的吟诵不具备复制性,只能根据其内容、文体模式一篇篇揣摩,积累到一定程度,方可达到随手拈出一篇古文即能随口、随心吟诵的程度。

42　曹刿论战

《左传》

十年春,齐师伐我[1]。公将战,曹刿请见[2]。其乡人[3]曰:"肉食者谋之,又何间焉[4]?"刿曰:"肉食者鄙,未能远谋[5]。"乃入见。

问:"何以战[6]?"公曰:"衣食所安,弗敢专也[7],必以分人。"对曰:"小惠未徧[8],民弗从也。"公曰:"牺牲玉帛,弗敢加也,必以信[9]。"对曰:"小信未孚,神弗福也[10]。"公曰:"小大之狱,虽不能察,必以情[11]。"对曰:"忠之属也。可以一战。战则请从[12]。"

公与之乘,战于长勺[13]。公将鼓[14]之。刿曰:"未可[15]。"齐人三鼓[16]。刿曰:"可矣。"齐师败绩[17]。公将驰之[18]。刿曰:"未可。"下视其辙,登轼而望之[19],曰:"可矣。"遂逐[20]齐师。

既克,公问其故[21]。对曰:"夫战,勇气也[22]。一鼓作气,再而衰,三而竭[23]。彼竭我盈[24],故克之。夫大国,难测也,惧有伏焉[25]。吾视其辙乱[26],望其旗靡[27],故逐之。"

著作介绍

本篇选自《左传》。《左传》,原名《左氏春秋》,相传为春秋时期左丘明所作，现在一般认为它是战国初人根据各国史料编成，与《穀梁传》《公羊传》合称"春秋三传"。此书按时间的先后，记录了鲁隐公元年（前722）以后200多年间的历史，比《春秋》多出十几年。书中全面地从儒家思想的角度记录了东周时期的政治、军事、经济、外交等重大事件。《左传》虽为史书，却有极高的艺术水准，擅长叙述复杂的战争，有条不紊，繁而有序；行人辞令，得体合宜；描述人物注重细节，真实生动。

注释

[1]十年：鲁庄公十年（前684）。齐师：齐国的军队。伐我：讨伐我鲁国。

[2]公：鲁庄公，鲁国的国君。曹刿（guì）：鲁国一个没有权势的普通国人。

[3]乡人：同乡的人。

[4]肉食者：代指居高位、享厚禄的人。间（jiàn）焉：参与其中。

[5]肉食者鄙，未能远谋：此句是在批评鲁国当时的有权势者见识浅陋。鄙，浅陋。

[6]何以战：凭什么打仗。以，凭、靠。

[7]安：安逸。专：独自享用。

[8]徧：同"遍"，遍及。

[9]牺牲：祭祀时宰杀的牛、羊、猪等。弗敢加：祭品有规定的数量，不敢擅自虚报。信：实情。

[10]孚（fú）：为人所信服。福：保佑。此句意为，小的信用不能让神灵信服，神灵不会保佑。

[11]小大之狱：大大小小的诉讼案件。察：弄清楚。必以情：一定按实际情况处理得合情合理。

[12]忠之属也：这属于尽了职分的事情。意思是凭着尽心为民做事这一点，就可以打仗。战则请从：如果作战，请让我跟随您去。

[13]公与之乘:鲁庄公与曹刿同乘一辆战车。长勺:鲁国地名。

[14]将鼓:正要擂鼓。战场上,擂鼓是大力提升士气的进军信号。

[15]未可:不可擂鼓进攻。

[16]三鼓:擂鼓三次。

[17]败绩:大败。

[18]驰之:驱车追逐失败的齐军。

[19]辙(zhé):车轮碾下的痕迹。登轼:登上车前的横木。

[20]遂逐:于是追逐。

[21]克:打败。故:原因。

[22]夫战,勇气也:作战靠的是勇气。

[23]一鼓作气,再而衰,三而竭:第一次擂鼓,战士们鼓足勇气;再次擂鼓,勇气就会下降;三通鼓,勇气就消耗完了。

[24]盈:充沛,旺盛。

[25]惧有伏焉:怕他们那里有埋伏。

[26]辙乱:车辙混乱。

[27]旗靡:旗帜倒下去了。

导读

故事的背景是齐国内乱,公子小白由鲍叔牙保护避难莒国,其同父异母的兄弟公子纠由召忽、管仲陪护避难鲁国。公孙无知杀齐襄公篡位后又被杀,齐国无主。公子纠与小白急忙回国。小白先到,得君位,即是春秋五霸之一的齐桓公。公子纠也要回国争夺君位,齐桓公逼迫鲁国杀公子纠,以绝后患,于是发动长勺之战。

本文是《左传》中的名篇,集中说明了争取民心、有远见卓识才能取得胜利的儒家战争思想。

《左传》虽为史书,却有着非常成熟的叙事艺术。文章叙事繁简有法,张弛有致,表面上是叙写战争之事,实借叙写战争来写曹刿这个来自民间的沉稳镇定、冷静自信、有远见、有气度的不凡人物。

开篇简叙战事背景,指出齐国以大打小,兵临城下,威逼鲁国,形势倾危,曹刿迎强敌而上,显示了其"胆";又以乡人的俗见"肉食者谋之"相衬托,表现了曹刿的"远谋"之"识"。就这样,有胆有识的曹刿出场了。

第二段写了他与鲁庄公的对话,其实是以鲁庄公之"鄙"衬托了他的"远谋"。文章单刀直入,只叙对话,略去繁文,直取要害。"何以战",即问打仗的本钱是什么,问得干净利落。鲁庄公虽然也略知打仗之道,认为首先要善待周围的人,其次要敬畏神明,最后要主导社会公平。但他显然把三者之间的轻重次序弄颠倒了,所以,按他的战略思想,不能争得民心,取得战争胜利是无望的。曹刿倾听了鲁庄公的想法,虽然对前两个观点不以为然,但他从鲁庄公平常能主持社会公平这一点,即判断鲁庄公亦能得民心,所以,认为这一仗还是可以打的,表现了曹刿思虑周密,见识高远,头脑清醒。这是打仗的基础,没有这一点,这场战争无法继续。这一段是曹刿与鲁庄公战略思想的比较。最后一句"战则请从",收束全段,亦为在实战中展示其精致细腻的战术埋下了伏笔。

第三段是重点部分,是考量曹刿临战胆识的核心部分。这场战争打得像熟练地演奏一曲张弛有致、收放自如的音乐,并且再次以鲁庄公的"鄙"衬托了曹刿的"智"。两军严阵以待,鲁庄公莽闯冒进,不问就里,急于擂鼓进攻,曹刿心中有数,果断制止。鲁军冷静等待齐军擂鼓三通后,曹刿才命令进攻,一举大败齐军。齐军奔逃,鲁庄公又要急追,又被曹刿制止。曹刿往地上看看,向远方望望,仔细审视后,才命追击,大获全胜。整个战事,曹刿指挥,如水流地,因形就势,变化自然,掌控战局,体现了非常高超的驾驭战争的能力,其胆、识、智、勇得到全面的展示;鲁庄公亦言听计从,难得雅量。二人一主一从,一张一弛,一纵一收,配合得宜,战争胜利,水到渠成,自然而然。

但鲁庄公虽然赢得了战争,却赢得稀里糊涂,他不明白曹刿在整个战事中为什么如此布置,行文中布下了两个谜团。

最后一段,回叙战术原委,全面揭开谜团:战场的核心精神即是拼勇气,控制了勇气,就控制了战局。敌强我弱,齐军第一通鼓,士气最为高涨,不可硬碰;第二通鼓,齐军见我军不动,以为我弱,便会懈怠,但还不是下令进攻的时候;待三通鼓后,齐军就会完全松懈。相反,齐军一通鼓,我军不动,二通鼓,我军仍不动,就会激发我军愤怒,待三通鼓后,敌志消残,我军斗志高涨,即可一击取胜。齐军虽败退,但大国多诈,不可被胜利冲昏头脑,中了他们的埋伏,所以,曹刿仔细观察齐军车辙混乱,旗帜倾倒,才确定他们真败,便下令乘胜追击。读到此,曹刿精妙的"论战"令人击节赞叹、醍醐灌顶,文章自然结束。

本文选材精当,叙述事件简略得体,收放自如,多角度多侧面展示了曹刿这个传奇人物,语言简洁,不蔓不枝。

吟诵提示

长勺之战是中国古代战争史上以弱胜强的著名战例。本文记述了长勺之战的过程,突出表现了曹刿的远见卓识及非凡的军事指挥才能。本文自始至终围绕"论战"两字展开,略写战争场面。所以吟诵的感情基调要庄重肃穆,激烈果断,声音洪亮,凸显阳刚之气。本文多为短句,总体的吟诵节奏略快,节奏点基本上就是每一句的最后一字,平声长吟,仄声半吟,其中"帛""察""竭"三字是入声,比其他仄声字更短促。全文共四段。

第一段写"曹刿请见",以其乡人做衬托,点明论战的原因,"师"字重读,表明谁是敌军,为曹刿请见做铺垫。"焉"字长吟,音调略高,表现乡人的善意劝阻。曹刿回答的八个字"肉食者鄙,未能远谋"语气加重,"谋"字长吟,显示曹刿对"肉食者"的鄙视以及参战的决心。

第二段写"曹刿问战","何以战"的"战"字声音要重,斩钉截铁,表现曹刿对待战争的严肃态度。这一段是曹刿与鲁庄公的对话,吟诵时,曹刿的话声音略高、速度略快,突出曹刿的谙熟事理、深谋远虑;而鲁庄公的话声音略低、速度略慢,突出鲁庄公的愚昧无知、目光短浅。

第三段写"曹刿督战",这一段只有曹刿在说话,听不见鲁庄公的声音,文笔高超。四个"可"字要加重语气,以表现曹刿的指挥若定,也衬托出鲁庄公的盲目躁进。"之"字长吟,肯定曹刿看准了敌情。"逐"是入声,要短促,语气加重,凸显一个"胜"字。

最后一段写"曹刿论战",总结克敌制胜的经验。曹刿认为作战靠的是勇气。这一段的吟诵节奏可以略慢一些,把曹刿的自信表现出来。特别是"一鼓作气,再而衰,三而竭",声音略高,好像老师在给学生讲课,同时也衬托出鲁庄公的心悦诚服。

43 《孟子》三则

鱼，我所欲也

鱼，我所欲[1]也；熊掌，亦我所欲也。二者不可得兼，舍鱼而取熊掌者也。生，亦我所欲也；义[2]，亦我所欲也。二者不可得兼，舍生而取义者也。生亦我所欲，所欲有甚于生者，故不为苟得[3]也；死亦我所恶[4]，所恶有甚于死者，故患有所不辟也[5]。如使人之所欲莫甚于生，则凡可以得生者何不用也[6]？使人之所恶莫甚于死者，则凡可以辟患者何不为也[7]？由是[8]则生而有不用也，由是则可以辟患而有不为也。是故所欲有甚于生者，所恶有甚于死者。非独贤者[9]有是心也，人皆有之，贤者能勿丧[10]耳。

一箪食，一豆[11]羹，得之则生，弗得则死。呼尔而与之[12]，行道之人弗受[13]；蹴[14]尔而与之，乞人不屑也。万钟[15]则不辩礼义而受之，万钟于我何加[16]焉！为宫室之美，妻妾之奉[17]，所识穷乏者得我与[18]？乡[19]为身死而不受，今为宫室之美为之[20]；乡为身死而不受，今为妻妾之奉为之；乡为身死而不受，今为所识穷乏者得我而为之：是亦不可以已乎？此之谓失其本心[21]。

作者介绍

孟子（约前372—前289），战国思想家、教育家、散文家，名轲，字子舆，邹(今山东邹城东南)人。他幼年丧父,由母亲教导(古代有"孟母三迁""断杼教子"等佳话),后来从学于孔子之孙孔伋(字子思)的门人。他在思想和行为等各个方面都以孔子为目标,也多次游说诸侯而同样不受重用,晚年与弟子一起讲学、著述,有《孟子》7篇(后人注释时各篇都分为上、下,共有14卷)。

注释

[1] 欲:想要。

[2] 义:中国古代一种含义极广的道德范畴。本指公正、合理而应当做的。

[3] 苟得:苟且偷生。

[4] 恶:厌恶。

[5] 患:灾患。辟:通"避",躲避,逃避。

[6] 凡可以得生者何不用也:凡是保命的就无所不用其极。

[7] 何不为也:什么事情干不出来呢。

[8] 由是:由此。

[9] 贤者:贤能的人。

[10] 丧:失去,丢掉。

[11] 豆:中国先秦时期的食器和礼器,这里指盛放羹所用的器皿。

[12] 呼尔而与之:没有礼貌地吆喝着给他(吃喝)。尔,语气助词。

[13] 弗受:不接受。

[14] 蹴:用脚踢。

[15] 万钟:这里指高位厚禄。钟,古代的一种量器。

[16] 何加:有什么益处。

[17] 奉:侍奉。

[18] 穷乏者:穷人。与:通"欤",语气助词。

[19] 乡:通"向",从前。

[20]为:第一个"为"是"因为"的意思,第二个"为"是"做或者接受"的意思。

[21]本心:指本性、良知。

导读

这一段选自《孟子·告子上》,题目是根据第一句话加的。文章以鱼与熊掌不可兼得为喻,引出人们在"生"与"义"发生矛盾的情况下应"舍生而取义"的道理。继而指出,人皆有欲生而"不为苟得"、恶死而"有所不辟"之心;相反,若为"宫室之美""妻妾之奉"和受施与的"穷乏者"的感激而舍弃礼义,接受丰厚的俸禄,那就是"失其本心"。此篇阐明做人应以礼义为重、不应为物欲所蔽的主旨,通过比喻说理,从正、反两方面进行论述,深刻有力。

《鱼,我所欲也》是孟子以性善论为依据,对人的生死观进行深入讨论的一篇代表作,强调"正义"比"生命"更重要,主张舍生取义。孟子主张性善,认为"羞恶之心,人皆有之",只要人保持着善良的本性,平时又加强修养和教育,就能保证不做有悖礼义的事。孟子的这一思想,是中华民族传统道德修养的精华,影响深远。

富贵不能淫

景春曰:"公孙衍、张仪岂不诚大丈夫哉[1]?一怒而诸侯惧,安居而天下熄[2]。"孟子曰:"是焉得为大丈夫乎?子未学礼乎?丈夫之冠[3]也,父命之;女子之嫁也,母命之,往送之门[4],戒[5]之曰:'往之女家[6],必敬必戒[7],无违夫子[8]!'以顺为正者,妾妇之道也。居天下之广居[9],立天下之正位[10],行天下之大道[11]。得志,与民由之[12],不得志,独行其道[13]。富贵不能淫[14],贫贱不能移[15],威武不能屈[16],此之谓大丈夫。"

注释

[1]景春:人名,纵横家。公孙衍:人名,即魏国人犀首,著名的说客。张仪:魏国人,战国时期著名的政客,与苏秦同为纵横家的主要代表,主张"连横",即联合东方六国以抗秦国,与苏秦主张的"合纵"相对抗。大丈夫:在这里指品格高尚、有果敢勇猛之气的人。

[2]安居:安静。熄:平息,指战火熄灭,天下太平。

[3]冠:古代男子到成年则举行加冠礼,叫作冠。

[4]往送之门:去送到门口。

[5]戒:告诫。

[6]往之女家:去到你家。女,通"汝",你。

[7]必:一定。敬:恭敬。戒:留神,当心,谨慎。

[8]无违:不要违背。夫子:这里指女子的丈夫。

[9]居:居住。广居:广大的居所、住宅。

[10]立:站立。正位:正大的位置。

[11]大道:光明的大道,最重要的位置。

[12]得志:实现志向。由:实行。

[13]独行其道:独自坚守原则。

[14]富贵不能淫:指金钱和地位不能使之扰乱心意。

[15]贫贱不能移:指贫穷卑贱不能使之改变意志。

[16]威武不能屈:威胁暴力不能使之屈服。

导读

这一段选自《孟子·滕文公下》,题目是根据本段主旨加上的。这一段的核心观念便是孟子在段末所提出的"富贵不能淫,贫贱不能移,威武不能屈",就是说一个真正的顶天立地的"大丈夫"能够不被金钱和地位扰乱心意,不因贫穷卑贱而改变志向,不因威胁暴力而屈服。这种充盈天地的浩然之气影响了无数的仁人志士,成为中华民族最为优秀的、最为强健的民族精神的组成部分。文章举出事例以作类比,生动形象;句式整齐凝练,也使文章增色不少。

生于忧患,死于安乐

舜发于畎亩之中[1],傅说举于版筑之间[2],胶鬲[3]举于鱼盐之中,管夷吾举于士[4],孙叔敖举于海[5],百里奚举于市[6]。故天将降大任于是人也[7],必先苦[8]其心志,劳[9]其筋骨,饿[10]其体肤,空乏[11]其身,行拂乱其所为[12],所以动心忍性[13],曾益其所不能[14]。

人恒过,然后能改;困于心,衡于虑,而后作;征于色,发于声,而后喻。入则无法家拂士,出则无敌国外患者,国恒亡。然后知生于忧患而死于安乐也。

注释

[1]舜:古代一位以孝行著称的帝王。舜原来在历山耕田,30岁时被尧起用,后来继承尧的君主之位。发:指被任用。畎亩:泛指田野。畎,田间的垄沟。亩,田垄。

[2]傅说:原在傅岩这个地方做泥水匠,为人筑墙,殷王武丁寻访他,用他为相。举:被选拔。版筑:筑墙时在两块夹板中间放土,用杵捣土,使它坚实。筑,捣土用的杵。

[3] 胶鬲：起初贩卖鱼和盐，周文王把他举荐给纣王，后来又辅佐周武王。

[4] 管夷吾：管仲（夷吾）原为齐国公子纠的臣，公子小白和公子纠争夺君位，公子纠失败，管仲作为罪人被押解回国，齐桓公知道他有才能，就用他为相。举于士：指从狱官手里被释放并录用。士，这里指狱官。

[5] 孙叔敖：春秋时期楚国人，隐居海滨，楚庄王知道他有才能，用他为令尹。海：海边，指孙叔敖隐居的地方。

[6] 百里奚：春秋时期虞国大夫，虞王被俘后，他由晋入秦，又逃到楚，后来秦穆公用五张羊皮把他赎出来，用为大夫。市：市集。

[7] 故天将降大任于是人也：所以上天要把重大的责任交给这个人。

[8] 苦：使……困苦、痛苦。

[9] 劳：使……辛劳。

[10] 饿：使……饥饿。

[11] 空乏：使……空乏，这里指资财缺乏。

[12] 行拂乱其所为：使他所做的事颠倒错乱。

[13] 所以动心忍性：用这些来使他的心灵受到震动，使他的性情坚韧起来。

[14] 曾益其所不能：增加他所不能做的，使他增长才干。"曾"，通"增"，增加。

导读

本段节选自《孟子·告子下》，题目是根据文章主题思想加上的。文章一开头并没有正面提出任何观点，而是一口气列举了虞舜、傅说、胶鬲、管仲、孙叔敖、百里奚六位古代圣贤从贫贱中发迹的例子。这六个人的共同特点是他们在担当大任之前都曾饱经忧患，有过坎坷艰难的人生历程。正因为付出了非同寻常的代价，这些圣贤才能"动心忍性，曾益其所不能"，成就一番宏大的事业。命运的挫折、身心的磨难不但没有使他们屈服，反而磨砺了他们的人格,增长了他们的才干,使他们变得更加成熟,最终成为历史上的杰出人物。这些道理概括成一句话就是"生于忧患,死于安乐"。

吟诵提示

吟诵《孟子》与吟诵《论语》不同,如果说孔子是一位和蔼可亲、循循善诱的长者,孟子则是一位是非分明、激烈刚强的斗士;《论语》行文不疾不徐、缓缓道来,《孟子》的文章如江河奔流而下,气势如虹。所以吟诵《孟子》和吟诵《论语》差别很大。另外,《孟子》文中多用排比句式,一般来说,结构相同的句式,其旋律也应该相近,但是语调的高低、语速的快慢可以稍有不同。

《孟子》这三篇,吟诵时语调、语速各有不同。《鱼,我所欲也》一则吟诵时起调略高,节奏适中。第一段的前两组排比句是重点所在。"舍生而取义者也"的"义"字加重语气,铿锵有力,大义凛然,强调人生正确的价值取向是,无论何时何地都要把"义"放在首位。第二段的"一箪食,一豆羹"与两个"万钟"略加重语气,这样对比照应,提示人们不可见利忘义。以下由"乡为身死而不受"引起的三句,吟诵时节奏可以略快,再三表明"舍生取义"的决心,不要为了宫室的华美、妻妾的侍奉、他人的感恩而"失其本心"。最后的"心"字长吟,仿佛是在提醒世人,引人深思。

《富贵不能淫》前三句要吟诵得语气沉稳、从容不迫。"得志"以下四句语气要坚定不移,语调可适当上扬,表明自己的决心。最后四句是千古名句,须吟出金玉之声,方能将孟子"我善养吾浩然之气"那种顶天立地的大丈夫形象表现出来。从节奏点看,"淫"字和"移"字都是平声字,可以适当长吟,"屈"是入声字,收音短促有力,再将最后一句"此之谓大丈夫"如同宣泄般地吟诵出来,效果自然非同一般。

《生于忧患,死于安乐》前六句句子的长短虽然不同,但语义完全相同,可以视为不规范的排比句式,吟诵时感情、语调、语速应该基本一致,缓缓而吟,过急过缓都不能准确地把孟子的感情表达出来。从"故天将降大任于是人也"开始，语速适当加快，语气适当加重，语调迅速提升，关键字"苦""劳""饿""拂乱"，皆要格外强调。至"所以动心忍性"，重新将语速、语气、语调趋于正常。从"人恒过，然后能改"开始，孟子是将经受磨难提升到治国安邦的高度，语调应该凝重，语气应非常沉稳，语速适当放慢，特别是最后一句，是具有结论性的语句，要有一字千钧的感觉，才能把孟子的感情、心态表达出来。

44 逍遥游[1]（节选）

庄 子

北冥有鱼，其名为鲲[2]。鲲之大，不知其几千里也；化而为鸟，其名为鹏[3]。鹏之背，不知其几千里也；怒而飞，其翼若垂天之云[4]。是鸟也，海运则将徙于南冥[5]。南冥者，天池[6]也。《齐谐》者，志怪者也[7]。《谐》之言曰："鹏之徙于南冥也，水击三千里，抟扶摇而上者九万里，去以六月息者也[8]。"野马也，尘埃也，生物之以息相吹也[9]。天之苍苍，其正色邪？其远而无所至极邪？其视下也，亦若是则已矣[10]。

作者介绍

庄子（约前369—前286），名周，战国时期宋国蒙（今河南商丘市东北）人，做过漆园吏。他生活贫困，居陋巷，衣弊履，曾向监河侯借粟。楚威王闻知他才能出众，派使臣请他做官，他却不屑一顾。聚徒讲学，终身不仕。《庄子》一书原有52篇，今存33篇。

注释

[1]本文选自《庄子》。逍遥：自由自在，特别是指心灵、精神无拘无束

的状况。游：庄子用这一概念指以一种超脱的心态生存、往来于自然间和人世间的活动。

［2］北冥：北海。冥，通"溟"，海。下文"南冥"即南海。鲲：古代传说中的一种大鱼。

［3］鹏：传说中的大鸟。

［4］怒：奋举，突起，此处指鼓起翅膀。垂天之云：悬挂在天空的云。

［5］海运：海波动荡。海动时必有大风，鹏即乘此风徙往南海。

［6］天池：是说这大池是天然形成，不是人工所造。

［7］《齐谐》：一本记载齐地神异之谈的书。志：记载。怪：神怪之事。

［8］抟（tuán）：聚，回旋上升。扶摇：回旋直上的大风。去以六月息：凭借着六月的大风才能离开。

［9］野马：空中浮游的云气。息：气息。

［10］其视下也，亦若是则已矣：鹏从空中向下看，所见与人从地面看天空是一样的情景。

导读

《逍遥游》是《庄子》的第一篇，描绘一种取消了各种区别和对立、忘掉了外物和自身的人生境界，是最能代表庄子思想和文学特色的一篇文章。开篇这一段写鲲鹏展翅高飞，描绘出一个阔大而浩渺的境界。作者先交代大鹏的来历和神奇的形象；再引证古书，加强人们对大鹏神异特点的了解；最后，他仿佛化身为大鹏，从九万里的高空俯身下视人间，又再联系自己在地面上看天空的经验，把两方面的情景加以对照，写出一种神奇瑰丽的人天相通的画卷。短短一段话中充盈着非同凡响的想象力，上天下地，辗转腾挪，而人天一色，浑然一体，分不清哪儿是天哪儿是地，可谓是中国文学史上特别具有浪漫精神的篇章。

吟诵提示

庄子的散文在先秦诸子散文中最具浪漫色彩,吟诵庄文不必严肃拘谨,最好是以轻松自然的神态,不疾不徐,缓缓吟来。选文从开始到"志怪者也"是一个层次,是庄子自述鹏程万里一事,所以语调要适中,语气要舒缓,表现出一个长者给小孩讲故事的神态最好。《齐谐》中的一段引文为第二个层次。因为这是引经据典,吟诵时要严肃一些,语速要比前一个层次稍微慢一些。从"野马也"至结束为第三个层次,是对前两部分的总结,吟诵时语气要更舒缓一些。这部分一共八句,七句的结尾都用了"也""邪""矣"等语气词。我们知道,在吟诵散文时,凡是使用语气词的地方都应该适当长吟,句尾的语气词更应该长吟,所以吟诵这部分时,语速要慢,语调要低,给人以沉稳自信的感觉。

45 虽有佳肴[1]

《礼记》

虽有佳肴,弗食,不知其旨也[2];虽有至道,弗学,不知其善也[3]。是故学然后知不足,教然后知困[4]。知不足,然后能自反也;知困,然后能自强也[5]。故曰:教学相长也。《兑命》曰"教学半",其此之谓乎[6]!

注释

[1]本篇选自《礼记·学记》。《礼记》是秦汉以前的各种礼仪论著的选集。汉以前,注解说明古书的著作都叫"记"。《礼记》是注解《礼经》的书,有49篇,内容多是孔子弟子及其再传、三传弟子等所记,也有采自先秦古籍的,对研究中国古代的制度、礼仪、信仰及儒家思想都有重要的价值。西汉时,传抄本有戴德的《大戴礼记》。戴圣编的《小戴礼记》历来简称《礼记》,后被纳入《十三经》之中。本篇来自《小戴礼记》。

[2]佳肴:美食,美味的食物。肴,有鱼有肉的菜。弗:不。旨:甘美。

[3]至道:最高明的道理。善:好。

[4]此句意为,因此,学习了才知道自己哪里不足,教学了才知道哪里困惑不通。

[5]此句意为,知道自己的不足之处,才能够自我反省;知道哪里困惑不通,才能发奋自强。自反,自我反省,即认清自己。

[6]教学相长:教与学互相促进。长,生长、促进。《兑(yuè)命》:《尚

书》中的一篇。兑，即"说"，即傅说，商代著名的贤相。命，上古时期政府发布的文告。敩(xiào)学半：学使人完善，是体；教推行于外，是用。二者互相促进，相辅相成，内外各占一半。敩，教。此之谓：说的就是这样的事。

导读

本篇阐明了一个古代教育的著名命题：教学相长。文章从饮食这一日常小事出发，引出一个深刻的理论命题，深入浅出，类比十分得体。即使再好的美味，不吃也不知其味，再高明的道理，不学也不知道它的好处，强调了"学"的重要性。"学"是接受，只能暴露出自己的缺失之处，而"教"在使别人明白的时候，能暴露自己哪里不明白。"学"与"教"都是自我提高的好办法，所以"教学相长"。最后又以《尚书》中的贤人之言突出了"教"与"学"作用各半的道理，增强了说服力。小文语句整饬、前后一致，推理环环相扣，读起来朗朗上口，音节和顺；说事理，由浅入深，水到渠成，甚有自然之妙。

吟诵提示

这是一篇说理的短文，讲述了自己悟得一个道理的过程。充满悟道的欣喜是本文的情感基调，在欣喜中又有向人宣讲的严肃与郑重。所以，吟诵时语调要高一些，情感要愉悦欢喜；曲调要简单，语气要肯定，稍留说教的意味。起句要平，"弗食"二字之间必须有一个间断，以引起下文；"不知其旨也"吟诵时，"知"字和"也"字都要适当长吟，以示强调。第二句与第一句结构相同，吟诵时也是如此。"是故学然后知不足"至"教学相长"为全文的核心，吟诵时声要重，调要缓，情感要严肃庄重，让人心生敬意，尤其是四个"知"字和三个语气词"也"字都需长吟，而且要吟够拍节，才能把作者要强调的用意表现出来。最后一句，要有愉悦自得的感觉。"敩"字是入声字，两个入声字并联，一定不可以拖长，"半"是去声字，本来也不可以长吟，但它在句尾，可以适当长吟。"其此之谓乎"五个字中，"其""之""乎"三个是虚词，悠然长吟就能充分表达思有所得的得意情感。

46　伯牙善鼓琴

　　列　子

　　伯牙善鼓琴[1]，钟子期善听[2]。伯牙鼓琴，志[3]在高山，钟子期曰："善哉，峨峨兮若泰山[4]！"志在流水，钟子期曰："善哉，洋洋兮若江河[5]！"伯牙所念，钟子期必得之[6]。伯牙游于泰山之阴，卒逢暴雨，止于岩下[7]；心悲，乃援[8]琴而鼓之。初为霖雨之操，更造崩山之音[9]。曲每奏，钟子期辄穷其趣[10]。伯牙乃舍[11]琴而叹曰："善哉，善哉，子之听夫志，想象犹吾心也。吾于何逃声哉[12]？"

作者介绍

　　列子，名御寇，战国初期郑国圃田（今属河南郑州）人，道家学派的代表人物。思想贵虚。传说他修行得道，能御风而行。《列子》本为先秦古籍，旧题周列御寇著。《汉书·艺文志》著录8篇，刘向整理而成。汉代已经散落，三国两晋时又散佚。现存《列子》是东晋学者张湛编辑而成的。其中有《列子》原文，也有加进去的汉魏时期的思想及佛学思想。

注释

　　[1]伯牙，春秋时期著名的琴师，晋国的大夫。传说《高山》《流水》《水仙操》等著名琴曲都是他的作品。他与钟子期的一段"音"缘让他们名垂千

古。本篇即记载此事。善：擅长。鼓：弹奏。

[2] 钟子期：春秋时期楚（今湖北汉阳）人，精通音律，世道离乱，隐于江湖，砍樵为生。

[3] 志：心意，志趣。

[4] 善：好。峨峨：高峻的样子。泰山：五岳之东岳，号"五岳独尊"。后人多以"泰山北斗"来形容德高望重有重大成就者。

[5] 洋洋：宽广浩渺的样子。江河：旧籍中凡言江、河，即指长江、黄河。

[6] 念：想。得之：猜得到。

[7] 阴：山的北面。卒：猝，突然。止：停留。

[8] 援：拿来。

[9] 霖雨：连阴雨。操：琴曲名。更：又。造：弹奏出。

[10] 辄：就。趣：意旨。

[11] 舍：放下。

[12] 听：擅长听。伯牙夸赞钟子期很会欣赏音乐。志：心意。想象：所想到的东西。这几句意为，你心里所想的与我心里想的一样，我的心声还能逃向哪里？

导读

伯牙与他的知音钟子期的故事是充满高情逸趣的千古佳话。故事告诉人们，人要有美妙的意愿，而美妙的意愿则需要同样的情智去懂得，显示了人生知音的难觅和可贵。

本文第一句总领全篇。两个"善"字相对应，预示伯牙、钟子期二人心有灵犀、契合无间。继之以两个故事对第一句展开叙述。伯牙以琴声状高山之貌，钟子期心领神会，夸赞其音乐高妙，巍巍如高山之状。伯牙心在江河，以琴声拟之，钟子期即时称妙，叹其音声浩渺，状若江河。高山流水拟声状貌，尚属简单，难在拟心达情。第二个小故事叙述伯牙游泰山遇暴雨，于山阴避之，以琴发其悲恐。弹奏给钟子期听，钟子期照样准确猜出，更显示出他高超而微妙的音乐悟性。最后,以伯牙赞赏、感叹自己无所逃于钟子期的知音能力作结,收束全篇。文章虽小,但结构完整,由浅入深,分述有序,语言平实简洁,自然得体。

吟诵提示

本文记述了高山流水遇知音的故事。吟诵时,基本感情基调是对二人的神技充满钦佩、羡慕与赞美的愉悦之情。文章虽然表现了伯牙高超的琴技,实际上侧重的是钟子期的善听。所以,吟诵时要侧重突出钟子期的"听技"。

吟诵起句中平为宜,语调要平静稍带愉悦,语速要舒缓,娓娓道来。"伯牙鼓琴,志在高山",语调平静中稍稍高扬,"山"字适当长吟,以显伯牙内在的崇高情志。钟子期的回答,要吟诵得较为兴奋,调式要高昂,把其判断准确、志得意满的感觉吟诵出来。"善哉"二字之间要稍微停顿一下,"哉"字要适当长吟,以彰显对伯牙鼓琴的肯定。"峨峨兮"三字的吟诵有一定的难度。"峨峨"是联绵词,第二个"峨"字必须长吟,"兮"是语气助词,本来就应该长吟,如此一来,"峨兮"两个字都长吟了,显得有些拖拉。所以"峨峨"二字都适当长吟即可,把真正长吟的任务放在"兮"上。后面"流水"一节,重复"高山"一节,语气稍稍加重,特别是"必"字,要有顿挫感,以突出钟子期的善听。

"霖雨之操"一节,起句语气要平,要随叙述语气、语速及语调的不同而有起伏变化,随景随情而调整。至"更造崩山之音"句,应该达到全文的高潮。语调由平而逐渐升高,以显示悲壮的情感。"钟子期辄穷其趣"句的吟诵宜充满欣赏与得意的情感,特别是"辄"要有顿挫,字音要重。最后一节,伯牙表示佩服,两个"善哉"的诵读方法如前,以表达对钟子期的赞叹,吟诵要情感欢喜和谐,语速要轻快、闲适,又略有无奈之感。总之,此文的吟诵要在掌握其感情基调的基础上随故事的情境而变化,收到以声传情的效果。凡有结构相似之处,吟诵时感情旋律也应该相近,才能把气势吟诵出来。

47　邹忌讽齐王纳谏[1]

《战国策》

邹忌修[2]八尺有余,而形貌昳丽[3]。朝服衣冠,窥镜[4],谓其妻曰:"我孰与城北徐公美[5]?"其妻曰:"君美甚,徐公何能及君也[6]?"城北徐公,齐国之美丽者也。忌不自信,而复问其妾曰:"吾孰与徐公美?"妾曰:"徐公何能及君也?"旦日,客从外来,与坐谈,问之客曰[7]:"吾与徐公孰美?"客曰:"徐公不若[8]君之美也。"明日徐公来,孰视之[9],自以为不如;窥镜而自视,又弗如远甚[10]。暮寝而思之[11],曰:"吾妻之美我者,私我也;妾之美我者,畏我也;客之美我者,欲有求于我也[12]。"

于是入朝见威王,曰:"臣诚知[13]不如徐公美。臣之妻私臣,臣之妾畏臣,臣之客欲有求于臣,皆以美于徐公[14]。今齐地方千里[15],百二十城,宫妇左右[16]莫不私王,朝廷之臣莫不畏王,四境之内[17]莫不有求于王:由此观之,王之蔽甚矣[18]。"

王曰:"善[19]。"乃下令:"群臣吏民能面刺寡人之过者,受上赏[20];上书[21]谏寡人者,受中赏;能谤讥于市朝,闻寡人之耳者,受下赏[22]。"令初下,群臣进谏,门庭若市;数月之后,时时而间进[23];期年之后,虽欲言,无可进者[24]。燕、赵、韩、魏闻之,皆朝[25]于齐。此所谓战胜于朝廷[26]。

注释

[1]本篇选自《战国策·齐策一》。《战国策》简称《国策》,亦称《国事》《事语》《短长》《长书》等。作者已不可考,大概是秦汉间人杂集各国史料编辑而成,后经西汉刘向整理、定名而流传后世。《汉书·艺文志》将之归于诸子纵横家。它记的史事以纵横家的言论及活动为线,涉及西周、东周、秦、齐、楚、赵、魏、韩、燕、宋、卫、中山诸国。该书褒扬策士备至,不惜虚构夸张,极富文采。邹忌:战国时齐人,善鼓琴,齐威王相。讽:委婉规劝。纳谏:接受进谏。

[2]修:长,此处指身高。

[3]昳(yì)丽:貌美、有气度。

[4]朝:早晨。服:穿戴。窥镜:照镜子。

[5]与:和……相比。此句意为,我与城北徐公相比谁更美?

[6]美甚:甚美,美得很。及:赶得上。

[7]旦日:第二天。客从外来:从外面来了位客人。之:指与徐公相比美的问题。

[8]不若:不如,比不上。

[9]孰视之:仔细看看徐公。

[10]又弗如远甚:又更加不如了。

[11]暮寝而思之:晚上睡觉的时候思考这件事。

[12]私我:偏私我,偏爱我。欲有求于我:对我有所求。

[13]诚知:确实知道。

[14]以:以为,认为。美于:比……美。此句意为,都认为我比徐公美。

[15]地:地域。方:方圆。

[16]宫妇左右:泛指国君身边的人。

[17]四境之内:国中之人。

[18]王之蔽甚矣:大王所受到的蒙蔽太大了。邹忌的意思是说,那些人出于各种目的都不会跟齐威王说实话。

[19]善:好。

[20]面刺:当面指出。过:过错。受上赏:给予上等赏赐。

[21]上书:写信。

[22]谤讥:议论。市朝:街市、朝廷,代指公共场合。闻寡人之耳:让我听到的。

[23]时时而间进:隔些时候,偶尔会有人进谏。

[24]期(jī)年:满一年。虽欲言,无可进者:即使想说,也没有什么可说的了。

[25]朝:朝拜。

[26]战胜于朝廷:不出朝廷就战胜了敌国,意思是说不用武力,只要修明政治,即可战胜敌国。

导读

《战国策》对战国时期"一怒而诸侯惧,安居而天下熄"的策士赞扬备至。本文即赞扬了齐相邹忌善于反思、能够小中见大、连类引譬的政治智慧和专心国事的精诚品格,也写了齐威王闻善而从、广纳博采的政治胸怀。

首段故事从家长里短的不起眼的无聊小事写起。邹忌本来身长貌美,有气度。早起对镜,不觉得意,一时兴起,问妻子他与齐国美男城北的徐公谁美,这是居家生活的内室私房话,本无甚紧要。可是他妻子十分肯定地说他比徐公美,引起了他与徐公比美的兴趣。因为他不自信,他又问他的妾,他的妾也用反问句有力地告诉他,他比徐公美。妻、妾都认为他更美,可是为什么城里只有徐公是美男的名声,却没有他是美男的名声呢?他还是不自信,又问了来访的客人,客人也说他比徐公美。三人成虎,似乎真的让他觉得自己美过徐公了。但后来真正地见到了徐公,仔细地比较,才发现不如人家,回家又照照镜子,更是自惭形秽了。这件事极大地触动了他:为什么几个人都要欺骗他、不对他说实话呢？原来他们各有各的意图:妻子夸他是因为爱他,妾夸他是因为怕他,而客人夸他是因为有求于他。于是,他恍然大悟:人是经常被蒙蔽而不自知的,要想听到真话是非常困难的。

次段写他以家比国,发现了事态的严重性,委婉劝谏国君广开言路,倾听真话。个人受蒙蔽还没什么,如果一国的国君受到蒙蔽,听不到真话,那是要坏大事的。这个巧妙的类比,振聋发聩,一句点醒梦中人,使齐君自然接受,劝谏有力,表现了邹忌细腻、委婉、高超的政治智慧。

末段简短写了国君开门纳谏的盛况及无比良好的效果,写齐君不出朝廷就战胜了各国,更夸张地写了各国朝拜齐国的盛况,夸大讽谏的作用,以照应上文,体现了《战国策》浮夸的文风。

文章语言简洁得体,切合人物性格。妻、妾、客三人每人尽管只有一句话,但都通过稍稍变化与简短的语句,细腻地体现出了人物的微妙心理,妻子的真爱,妾的惧怕,客人的敷衍与曲意逢迎,各具情态。另外,文章的叙事结构安排别具匠心。首段妻、妾、客三问三答,次段分"宫妇左右""朝廷之臣"及"四境之内"三层,末段写赏分上、中、下三等,进谏时分"令初下""数月"及"期年"三段,体现了《战国策》笔法的虚构特点。文章剪裁得当,从无聊的小事得到启示,未及阐明,中间脱落许多细节,直接导入进谏中;且又略去小事启示的过程,直接从自己为什么受蒙蔽写起,直奔主题,简洁有力,显示了《战国策》散文文学笔法的圆熟。

吟诵提示

人贵有自知之明,不要在赞美声中飘飘然。邹忌以自身的生活体验,小中见大,深入浅出,巧妙劝说齐威王广开言路、虚心纳谏。全文多是短句,吟诵时,除节奏点需长吟外,每句的最后一字平声长吟、仄声半吟。本文共三段,每段的感情基调略有不同。

第一段写进谏缘由,从邹忌个人受蒙蔽而想到"王之蔽甚矣"。这一段描写生活气息很浓,吟诵时要轻松愉快。第一句的"修"字长吟,以突出他的身高,为以下同徐公比美做铺垫。后面的三问三答,虽然句式相同,但表达的情感略有变化,显示人物关系的亲疏和各自的心态。第一个问妻的"公"字长吟,强调对比之人,妻回答时的"能"字长吟,表现出为自己的夫君骄傲之意,妻的回答是不假思索的;接下来问妾的"公"字长吟,流露出邹忌的不自信,想要进一步验证的心态,妾回答时的"公"字长吟,表现妾的谨慎,说起徐公时有些迟疑;问到客人的"公"字长吟,也是强调一下,但口气比问妻、妾时稍带一些客气,客人回答时的"公"字长吟,声音略高,仿佛是在反问,客人的回答虽然是说邹忌美,但明显是敷衍应酬的语气。后面的几句,邹忌见到徐公,对比之下自我反省、自言自语,吟诵时节奏放慢一些,声音略低一些。邹忌经过一番思索,终于明白了妻、妾、客均说自己美的各自原因——私我、畏我、有求于我。

第二段写进谏内容,邹忌以己为喻,讽喻齐王纳谏去蔽。上一段说的是家事,这一段说的是国事,吟诵时,比上一段要严肃认真,语气加重。第一句"朝"字长吟,点明讽喻的地点,第一个"臣"字长吟,语调略高,把邹忌的诚恳和勇气表现出来。"方"字长吟,表明地域之辽阔。"朝廷之臣"的"臣"字长吟,强调臣子之众多、地位之重要,从而引出后面邹忌的观点。最后一句的"甚"字,加重语气,斩钉截铁,意在表明事态的严重程度。这一段的微妙之处是邹忌以自己的生活体验做铺垫,对比齐王所处的环境,使齐王认识到自己受蒙蔽了,但又没有刺伤齐王的面子。这是"热讽"语言的妙处,所以齐王很乐意接受邹忌的劝谏。

第三段写进谏结果,齐王纳谏去蔽,威震诸侯。齐王下令的一段话,吟诵时声音要洪亮,表明要昭告天下。三个"赏"字要加重语气,这关系到进谏者的切身利益,应特别强调一下。接下来的内容写广开言路、改革弊政之后收到的良好效果,吟诵时要带有喜悦的心情,节奏略快。最后的"廷"字长吟,为读者留下"忠臣善谏、明君纳谏以强国"的想象空间。

48　出师表[1]

(三国)诸葛亮

先帝创业未半而中道崩殂[2],今天下三分[3],益州疲弊[4],此诚危急存亡之秋也[5]。然侍卫之臣不懈于内[6],忠志之士忘身于外者[7],盖追先帝之殊遇,欲报之于陛下也[8]。诚宜开张圣听[9],以光先帝遗德[10],恢弘志士之气[11],不宜妄自菲薄[12],引喻失义[13],以塞忠谏之路也[14]。

宫中府中,俱为一体,陟罚臧否,不宜异同[15]。若有作奸犯科及为忠善[16]者,宜付有司[17],论其刑赏[18],以昭陛下平明之理[19],不宜偏私,使内外异法也[20]。

侍中、侍郎郭攸之、费祎、董允等[21],此皆良实,志虑忠纯[22],是以先帝简拔以遗陛下[23]。愚以为宫中之事,事无大小,悉以咨之,然后施行[24],必能裨补阙漏,有所广益[25]。

将军向宠[26],性行淑均,晓畅军事,试用于昔日,先帝称之曰能,是以众议举宠为督[27]。愚以为营中之事,悉以咨之,必能使行阵和睦,优劣得所[28]。

亲贤臣,远小人,此先汉所以兴隆也;亲小人,远贤臣,此后汉所以倾颓也[29]。先帝在时,每与臣论此事,未尝不叹息痛恨于桓、灵也[30]。侍中、尚书、长史、参军,此悉贞良死节之臣[31]，愿陛下亲之信之，则汉室之隆，可计日而待也[32]。

臣本布衣，躬耕于南阳[33]，苟全性命于乱世，不求闻达于诸侯[34]。先帝不以臣卑鄙，猥自枉屈，三顾臣于草庐之中[35]，咨臣以当世之事，由是感激，遂许先帝以驱驰[36]。后值倾覆，受任于败军之际，奉命于危难之间，尔来二十有一年矣[37]。

先帝知臣谨慎，故临崩寄臣以大事[38]也。受命以来，夙夜忧叹，恐托付不效，以伤先帝之明[39]，故五月渡泸，深入不毛[40]。今南方已定，兵甲已足，当奖率[41]三军，北定中原，庶竭驽钝，攘除奸凶，兴复汉室，还于旧都[42]。此臣所以报先帝而忠[43]陛下之职分也。至于斟酌损益，进尽忠言，则攸之、祎、允之任也[44]。

愿陛下托臣以讨贼兴复之效[45]，不效，则治臣之罪，以告先帝之灵。若无兴德之言，则责攸之、祎、允等之慢，以彰其咎[46]；陛下亦宜自谋，以咨诹善道，察纳雅言[47]。深追先帝遗诏[48]，臣不胜受恩感激。

今当远离，临表涕零，不知所言[49]。

作者介绍

诸葛亮(181—234)，字孔明，琅邪阳都(今山东沂南南)人。三国时蜀国丞相，中国历史上著名的政治家、军事家。早年避乱南阳，耕田隐居，自比管仲、乐毅。后来刘备三顾茅庐，请他出山。帮助刘备联吴抗曹，西取益州，建立蜀汉政权。刘备称帝，拜其为丞相。刘备死，辅佐幼主刘禅。曾六出祁山伐曹,均告失败。鞠躬尽瘁,死在军中。谥忠武。有《诸葛亮集》。

注释

[1]出师表:出征的奏折。此为蜀汉建兴五年(227),诸葛亮出征伐曹,临行前上书刘禅的话。本文初见于《三国志·蜀书·诸葛亮传》,原无篇名,篇名为后人所加。

[2]先帝:指刘备。崩殂(cú):天子死称崩。殂,死亡。刘备在称帝后的第三年死,统一天下大业未完,所以称"创业未半","中道崩殂"。

[3]三分:天下分为魏、蜀、吴三国。

[4]益州:蜀国所在地,此处代指蜀汉。疲弊:残败无力。

[5]诚:确实。秋:时、时候,多指危难关头。

[6]侍卫之臣:在官内侍奉左右的大臣。不懈:不松懈。

[7]忠志之士:抱定报国志愿的忠诚官员。忘身于外:在外忘我地保卫国家。

[8]盖:发语词。追:追念。殊遇:优厚的待遇,指蒙受着特殊的皇恩。报之:用自己的忠诚行为来报答。

[9]宜:应该。开张圣听:扩大圣明的听闻。此句意为勉励后主广泛听取群臣意见。

[10]光:发扬光大。遗德:先帝留下的美德。

[11]恢弘:发扬光大。志士:报国之士。

[12]妄自菲薄:过分地轻视自己。妄,非分。菲薄,轻视。

[13]引喻失义:称引比喻不合理,讲话不得体。引喻,用比喻。义,适宜、合适。

[14]塞:堵住。忠谏:忠诚的进谏。

[15]宫中:指代皇帝宫禁之地的事务。府中:指代丞相府管辖国家政务的地方,即朝廷。陟:升迁。罚:处罚。臧(zāng):善。否(pǐ):恶,意为评论人物。不宜异同:不应该有什么不同。诸葛亮强调"宫中""府中"应该

一体,各种奖惩应该一样,他可能已经发现了刘禅宠信宦官的端倪,才有这样的告诫。

[16]为忠善:做忠善之事。此句意为,如有做好事或做坏事的人。

[17]宜付有司:把他们交给相关管理部门。有司,专职的管理部门。

[18]论其刑赏:判定他们该惩罚还是该奖赏。刑,惩罚。

[19]昭:显示。平明:公平严明。理:治理。

[20]不宜偏私:不应该有偏向、私好。内外:宫中为内,府中为外。异法:不一样的法令。

[21]侍中、侍郎:官名。郭攸之、费祎为侍中,董允为侍郎,都是先帝推荐给诸葛亮的德才兼备之人。

[22]良实:忠良笃实。志虑忠纯:志向与思想忠厚纯正。

[23]是以:因为这些,即因为他们忠诚笃实。简拔:选拔。遗(wèi):给予。

[24]愚:自我谦称,意为"愚笨如我者"。悉:都,全部。咨:询问。

[25]裨补:增益补充。阙漏:缺失与漏洞。广益:增益。

[26]向宠:字巨违,襄阳人。刘备时是牙门将。刘备抗吴兵败,唯向宠的大营完好,治军有方。刘禅继位,向宠被封为都亭侯。诸葛亮北伐,上表刘禅,又升为中领军。

[27]性行:性格品行。淑:和善。均:公平。晓畅:通晓。试用:任用。称之曰能:称他为有才能的人。举:推举。督:都督。

[28]营中:军队中。行阵:行军布阵。和睦:和谐团结。优劣得所:好的、差的各得其所。

[29]亲:亲近。远:疏远。倾颓:倾覆衰败。

[30]痛恨:心痛惋惜。桓、灵:东汉桓帝与灵帝,都被认为是昏君,听信宦官,任用奸佞,政治腐败,以致天下大乱。

[31]侍中、尚书、长史、参军:皆职官名,都是诸葛亮信得过的贤良官员。贞良死节:坚定正直,能够为节义而死的大臣。

[32]隆:兴盛。计日而待:算着日子等待,比喻很快就可以实现。

[33]布衣:粗布衣服,代指平民身份。躬耕:自己耕种田地。此句比喻出身平民,地位低微。

[34]苟全性命:保全自己的性命,苟且偷生。谦虚的说法。闻达:扬名显达。

[35]卑:低,指身份卑微,谦称。鄙:原指边远之地、偏僻之处,指代见识浅陋,谦称。猥(wěi):这里有降低身份的意思。枉屈:委屈,意为屈尊就卑。顾:探望。

[36]当世:当时的天下形势。感激:由感而动。许:答应。驱驰:奔走效劳。

[37]尔来二十有一年矣:从刘备被曹操打败(208),刘备得遇诸葛亮于败军的前一年,至此上书北伐(227)为21年。有,同"又"。

[38]寄臣以大事:刘备在临死时,把辅佐刘禅兴复汉室的大业托付给诸葛亮。

[39]受命:接受嘱托。夙夜:早晚。托付不效:接受的托付大事没有成效。明:英明。

[40]泸:今金沙江。指平定南方,以安定后方,为北伐打基础。不毛:不长草木的地方,比喻人烟稀少的蛮荒之地。

[41]奖率:奖励率领。

[42]庶:希望。竭:尽力。驽(nú)钝:比喻才能平庸,自谦之意。驽,劣马。钝,不锋利。攘(rǎng)除:铲除。奸凶:代指曹魏政权。还于旧都:回到汉室原来的都城。

[43]忠:尽职。

[44]斟酌:度量事情的可否,以决定取舍。损益:增加或减少。任:职分。

[45]托:托付。效:任务。此句意为,把讨伐曹魏兴复汉室的大任交给我。

[46]兴德之言:兴盛恩德的忠言。慢:怠慢。彰其咎:暴露出他的过错。

[47]谋:思考。咨诹善道:询问好的道理。雅言:正确的话。

[48]先帝遗诏:刘备给刘禅的遗诏,见《三国志·蜀书·先主传》注引《诸葛亮集》,诏中说:"勿以恶小而为之,勿以善小而不为。惟贤惟德,能服于人。"

[49]临表涕零:面对上书流涕泪,表示感念先帝之恩。不知所言:谦称自己不知道都说了些什么,是否有错。

导读

诸葛亮这篇上书写得情真意切、入情入理,成为文章的经典。其绝妙不只在才高识卓、文采飞扬,关键在"合适",即在既定的情境中以合适的言说视角说合适的话。既定的情境是朝廷——满是朝臣的公共议政之处。此时的诸葛亮有互相矛盾的双重身份:他首先是刘禅的臣子,说话要谦卑尊上服从,但他又是刘备的托孤重臣,是刘禅的仲父,说话亦要有长者的样子;还有一层关系是一代雄韬伟略的大政治家面对的却是一个缺乏执政经验的阿斗。在这样的一个语境中,如何表达是个困难的问题。如此的公共场所,双重的矛盾身份,心智不对等的交流,想说出既高又下、既尊又卑的不矛盾的话,是极困难的。但作者找到了一条捷径,即跳出二者的关系,借先帝之名立论。这是一个非常合宜的视角。

文章的目的是要出师北伐,但却没有直接从出师的理由写起,而从当下的朝政形势写起:一是如清人邱维屏所说"武侯在国,目睹后主听用嬖昵小人,或难于进言,或言之不省,借出师时叮咛痛切言之",即借机进谏;二是幼主智庸,后防不固,更是北伐大患,谆谆告诫刘禅,安排好后方是出师的前提。所以,文章从先帝之业未竟,蜀国危急,警诫刘禅认清形势,不要耽于安乐,而要励精图治;又以群臣之所以尽忠竭智、受先帝之恩以报幼主,委婉规劝刘禅尚未有可凭的政治资本,不能只坐享其成,要"光先帝遗德,恢弘志士之气",有自己建立功业的自觉意识,其中最重要的是要广开言路,听信忠臣良言。接着为刘禅推荐了宫中、府中、军中的才智之士,他们都是先帝提拔的可靠旧臣。作者对朝中所有事务都做了周详细致的安排。最后又以和先帝常常谈论的桓、灵二帝的惨痛教训警诫刘禅小人是丧国祸水，告诫刘禅要"亲贤臣，远小人"。这是诸葛亮根据对其性格的洞悉而做出的谆谆告诫。

第二部分，文章宕开一笔，不再谈论政事，而转向了自己的经历。实际上，脉络仍然一贯：仍是接续前文感先帝知遇之恩，许身兴汉大业，历尽艰辛，几十年如一日，忠贞不渝，激励后主创业不易，效法先帝选贤任能，精心守成。以彼比此，劝谏委婉得体。

第三部分，接续前文，强调为先帝重托，日夜忧心，表明兴汉以报先帝的夙志，自然落脚于出师。再述可以出师的理由，以示出师时机成熟，万事俱备，水到渠成。最后，以自己及各方接受失败的惩罚以表达必胜的决心，并再次告诫幼主要多听善言，亲贤远奸。至此，文章照应开头，回到了正题，并结束全文。

刘勰《文心雕龙·章奏》说："章以谢恩，奏以按劾，表以陈情，议以执议。"《出师表》不只是言说角度适宜，更为重要的是作者内心真诚、论事踏实。文章不夸饰，不做作，就事陈情，质实恳切，明白晓畅。这是合适的基础。在语言的使用上，较多使用四字句，句式整饬，抑扬顿挫，甚有音节之美，体现了汉末散文向骈文演进的痕迹。

吟诵提示

全文字字发自肺腑，真挚感人。总的感情基调深沉悲壮，提建议苦口婆心、全面周到，作保证鞠躬尽瘁、死而后已！陆游有诗句赞叹"出师一表真名世，千载谁堪伯仲间"。前人有"吟诵《出师表》不哭谓之不忠"一说，可见其文感人之深。全文共九段。吟诵时，速度适中，声调要跟随文中的情调走。

第一段，分析当前形势，指出蜀国已处"危急存亡之秋"，提出广开言路的建议。第一句"半"字半吟，后面的"今""然"略停顿，以示有提醒刘禅的用意。诸葛亮最担心的就是刘禅听不进臣下的忠言,所以"妄自菲薄""引喻失义"八字略加重语气,最后一字"也"长吟,把诸葛亮劝说时的苦心倾吐出来。

第二段,提出赏罚严明的建议,劝后主不要有私心,"使内外异法"。"作奸犯科"重读,表现痛恨之情。"昭"字长吟,表现诸葛亮劝说时既用词委婉又批评尖锐的矛盾心理。

第三、四、五段,推荐负责宫廷、军营之事的具体人选,还举出西汉兴盛、东汉衰败的历史教训,告诫后主要"亲贤臣,远小人",不要"亲小人,远贤臣"。吟诵时,"郎"字略停顿,意在引起后主的重视。两个"愚以为"的"为"字略停顿,意在强调为臣的忠言。

第六、七段,回忆自己追随先帝辛苦创业的往事,阐明南征北伐的意义,"咨臣"的"臣"字长吟,"尔来"的"来"字长吟,以强调诸葛亮对先帝的感激之情。"寄臣""此臣"两个"臣"字略停顿,起到引领下文的作用。"之职分也"的"分"字重读,"也"字略长吟,把诸葛亮"报先帝""忠陛下"的真情表现出来。

第八、九段,提出要求,自己"讨贼兴复"要见成效;诸贤臣要积极进"兴德之言";后主要广听善言,不辜负先帝的殷切叮嘱。"托臣""臣不胜"的两个"臣"字重读,略停顿,把诸葛亮对蜀汉前途强烈的责任感和对后主的殷切希望表现出来。最后十二字速度放慢,略带颤音,"零"字长吟,显示诸葛亮出师前的离情别绪,"言"字长吟,表现忠臣对汉室刘氏父子的深情厚谊。

49　桃花源记

(晋)陶渊明

晋太元中,武陵人捕鱼为业[1]。缘[2]溪行,忘路之远近。忽逢桃花林,夹岸数百步,中无杂树,芳草鲜美,落英缤纷[3]。渔人甚异[4]之。复前行,欲穷[5]其林。

林尽水源[6],便得一山,山有小口,仿佛若有光。便舍船[7],从口入。初极狭,才通人[8]。复行数十步,豁然开朗[9]。土地平旷,屋舍俨然[10],有良田美池桑竹之属[11]。阡陌交通[12],鸡犬相闻。其中往来种作,男女衣着,悉如外人[13]。黄发垂髫,并怡然自乐[14]。

见渔人,乃大惊,问所从来,具答之[15]。便要[16]还家,设酒杀鸡作食。村中闻有此人,咸来问讯[17]。自云先世避秦时乱,率妻子邑人来此绝境,不复出焉,遂与外人间隔[18]。问今是何世,乃不知有汉,无论魏晋[19]。此人一一为具言所闻[20],皆叹惋。余人各复延至其家[21],皆出酒食。停[22]数日,辞去。此中人语云:"不足[23]为外人道也。"

既出,得其船,便扶向路,处处志之[24]。及郡下,诣太守,说如此[25]。太守即遣人随其往,寻向所志,遂迷,不复得路[26]。

南阳刘子骥,高尚士也,闻之,欣然规往[27]。未果,寻病终。后遂无问津者[28]。

注释

[1]太元:晋孝武帝的年号。武陵:郡名,郡治在今湖南常德一带。

[2]缘:沿着。

[3]夹岸:两岸。杂树:除桃树之外别的树。落英:落花。缤纷:盛多。

[4]异:惊异。

[5]穷:走到尽头。

[6]林尽水源:桃花林的尽头,就是溪水的源头。

[7]舍船:下得船来。

[8]才通人:仅能单人通过。

[9]豁然开朗:突然开阔敞亮。豁然,空旷开阔的样子。

[10]平旷:平坦宽阔。俨然:整齐的样子。

[11]属:类。

[12]阡陌:田间小路。交通:交错相通。

[13]往来:来来往往。种作:耕作施种。悉:都。

[14]黄发:老人头发变黄,此处以黄发代指老人。垂髫(tiáo):儿童。髫,小孩子垂发。怡然:愉快、高兴的样子。

[15]乃:便。从来:从哪里来。具:都。

[16]要(yāo):同"邀",邀请。

[17]咸:都。问讯:打听外面的消息。

[18]云:说。先世:祖先。妻子:老婆和孩子。绝境:与世隔绝的地方。遂:于是。间隔:隔绝。

[19]今是何世:现在是什么时代。乃:竟然。无论:不要说,更不必说。

[20]此句意为:这个人一个一个地详细告诉他们自己所听到的外面的事情。

[21]余人:剩下的人。延至:邀请到。

[22]停：留住。

[23]足：值得。

[24]既：已经，在……之后。得：找到。扶：沿着。向路：前时进来的路。志：做标记。

[25]郡下：指武陵郡。诣：往见，拜见。说如此：说明以上经历。

[26]遣：派。向：原来。遂迷：竟然迷了路。遂，竟然。

[27]刘子骥：名骥之，隐士，好游山泽。高尚：德行出众。欣然：高兴的样子。规：计划，打算。

[28]未果：没有实现。寻：不久。病终：病死。问津：打听渡口，即寻找去桃花源的路。

导读

本文原是《桃花源诗》的序文。因为它的奇美，人们似乎忘掉了诗而只记得文。阅读历史就会知道，其实中国古人的生活理想十分简单。与发达的现代文明比起来，他们不追求炫目的物质享受，不追求五色斑斓的精神生活，桃花源里简单、平淡、自由、快乐的闲适与恬淡才是他们的生活理想。

文章是近于小说体的诗序。陶渊明用虚化现实的笔法，将实际的田园生活美化，创造了一个与残酷、血腥、充满争斗和苦难的现实世界相互映衬的绝美天地，表达了他对理想社会的愿景。

桃花源与世隔绝，作者采用逐渐虚化现实的方法引领读者渐入佳境。打鱼本是在谋生、在讨生活，一网一网都充满了繁劳苦累，同时也充满了热切的期待。捕鱼者正是在渴望中沿溪远行，才深入到了前所未到的地方。"忘"是对现实的忘记，即对现实的虚化。捕鱼者为美丽的桃花源陶醉，进一步虚化了现实。要达到胜景，还需要有一点困难阻隔，于是接下来作者设置了一个狭隘的、仿佛有光、仅能容人的小口，以激起读者的好奇心，这是对现实更强有力的虚化。"舍船"显示捕鱼者完全忘掉了现实。作者如此层层深入地对现实进行虚化，鬼使神差，使人不觉，笔法精妙。最后"豁然开朗"，进入"仙界"，从环境之美、人物怡乐、劳动繁忙、热情朴实、自由安闲以及历史之久，描写了美丽的桃花源里人们纯朴平淡、简单快乐的生活。渔人难忘这奇异的经历，要切切记住此地，归途中处处标记，结果再按原来的标记回来寻找时，"遂迷"，两字果断切断了通往"仙界"的道路。最后，作者又以一个真实的隐士刘子骥寻而无果，很快病亡作衬，使得这个美丽的世外桃源彻底悬置为一个不可通达的永恒的美境，让它显得更真实，更可贵，更美丽，更不可企及。

文章还采用了极其平淡的语气，寓奇异于平淡之中。通篇全用"白描"，直述其事，没用一个比喻，几乎没有色彩，却让一个人人向往的世外桃源，毕见于读者眼前，创造出一种本真显现的表达效果。

吟诵提示

作者通过一个捕鱼者的奇遇，向人们展示了一个超越尘世、远离战乱的美妙仙境，表达了中国文化最具特色的知足常乐、恬淡自适的天性。吟诵时，感情基调要轻松愉悦，节奏适中。全文多为短句，每一句的最后一字平声长，仄声短，入声更短促。

全文共五段。第一段写捕鱼者发现桃花源。第一句"中"字长吟，交代时间。第二句"人"字长吟，点明地点和发现桃花源的人，让人感觉到确有其事。"忽逢桃花林"的"林"字长吟，意在强调桃花林，预示着桃源仙境就在这里。接下来四句是写桃花源的外观，语速略快，如数家珍，仿佛捕鱼者急于探个究竟。"渔人甚异之"的"甚异"两字重读，表现捕鱼者的惊奇。"欲穷其林"的"林"字长吟，为下文做铺垫。这一段，"业"是入声字，吟诵时要短促。

第二、三段写捕鱼者在桃花源的所见所闻。"仿佛若有光"的"光"字长吟，强调的是"光"在指引着捕鱼者探寻的方向。"便舍船，从口入。初极狭，才通人"语速略快，表现捕鱼者迫不及待的心情。"豁然开朗"的"豁"字重读,振起下文,使捕鱼者眼前一亮,把惊奇、惊喜之情表现出来。"有良田美池桑竹之属"的"田""池"略停顿,有介绍美景的意味。"其中往来种作"的"中"字略停顿,引领下句。"悉如外人"的"人"字长吟,强调的是与外界不同的人。"见渔人,乃大惊,问所从来,具答之"的"渔人"加重语气,与"大惊"呼应,"之"字长吟,代表捕鱼者回答的内容。"自云先世避秦时乱,率妻子邑人来此绝境"的"云""人"两字略停顿,桃花源中人自陈其事。接下来的"此人"和"余人"两个"人"字略停顿,强调是谁在说、谁在做。最后一句"不足为外人道也"要加重语气,表现桃花源中人的担心,不想与外界往来。这两段中,"狭""作""乐""食""隔""日"均是入声字,要短促。

  第四、五段,写再寻桃花源未果。"出"是入声,吟诵时要短促,开口即收。"处处志之"的"之"字长吟,意在强调捕鱼者做标记。"太守即遣人随其往"的"人"字略停顿,表示又有外人去寻访。"不复得路"和"未果"加重语气,有不想让外人找到的保密心态,平添一层神秘的色彩。"后遂无问津者"的"遂"是去声,要重读,"者"字略长吟,留下再也无人重寻桃花源的遗恨。

50　答谢中书书[1]

(南朝) 陶弘景

山川之美,古来共谈[2]。高峰入云,清流见底。两岸石壁,五色交辉[3]。青林翠竹,四时俱备[4]。晓雾将歇[5],猿鸟乱鸣;夕日欲颓,沉鳞竞跃[6]。实是欲界之仙都[7]。自康乐以来,未复有能与其奇者[8]。

作者介绍

陶弘景(456—536),字通明,号华阳隐居,卒谥"贞白先生"。丹阳秣陵(今江苏南京)人。南朝齐梁时道教思想家、医学家。出身士族,生平好学。10岁读《神仙传》,志趣修仙。曾学师孙游岳,受符图经法,遍游名山,寻访仙药,后创道教茅山派。至梁武帝继位,礼聘不出,朝廷有事就向他咨询,时称"山中宰相"。

注释

[1]谢中书:谢徵(zhēng)(500—536),字玄度,南朝宋时人,陈郡阳夏(今河南太康)人。小时候聪慧异常,善学习,好作文章。年纪轻轻即任中书郎,曾任鸿胪卿、舍人等职,所以文称"谢中书"。答……书:回复……的信。

[2]共谈:共同谈论的话题。

[3]五色：指青、赤、黄、白、黑，古代把这五色作为正色。这里泛指各种色彩。交辉：交相辉映。

[4]四时俱备：四季长存。

[5]晓：早晨。歇：停止，这里有雾将收尽的意思。

[6]颓：消退，光色暗淡快要消失的样子。沉：潜在水下。鳞：代指鱼。竞跃：竞相向水面跳跃。

[7]欲界：佛教用语。佛教采用古印度传统之说，将世俗世界分成三种境界，即欲界、色界、无色界，合称"三界"。欲界处于三界最下层，为食欲和淫欲特盛的众生所住的世界。仙都：仙境。

[8]康乐：指谢灵运，东晋文学家，山水诗的开创者。他继承了祖父的爵位，世袭康乐公，所以又称"谢康乐"。与(yù)其奇者：欣赏山水之奇异景致。

导读

陶弘景是方外高士、求仙寻道之人，对山水林泉自然亲近。他写信给谢中书这位朝中高官，是把他引为知音同道，表达自己对自然山水美景的欣悦及期望与之共赏的勃勃兴致。

首句开门见山，抒发对自然山水的一片情致，夸赞山川之美是个不老的话题。接着以浓郁的兴致描述山川之美。先写山势，仰观山高，俯察水深，气象雄伟。继而写山色，山岩石壁，五色辉映，绚烂绮丽。山中林木，四季青翠，生机无限。由静而动，再写山中生灵，早雾将散，山中猿鸟的混鸣犹如大自然的交响，夕阳亦将下，游鱼在水面竞相翻跃，自然山林充满生灵活趣和勃勃生机。为什么作者对山林之乐如此陶醉？因为这些美丽的山水都是与苦难无边、红尘滚滚的"欲界"相对应的清净世界。作者以"欲界之仙都"总结山川之美，说明"欲界"里不全是苦海，也有快乐之地，赋予了山水之美极高的境界。谢灵运是山水诗人，是最理解山泉林木之美的人。作者认为谢灵运之后无人能会心于自然山川，而自己能与谢氏心意戚戚，自得之情，溢于言表。本文语言清丽,写景如画;句式整齐,节奏急促,情趣盎然。

吟诵提示

本文是一篇如诗小文,表达了对山川之美的盎然情致,其情感基调是欣悦快乐。所以,吟诵时节奏的安排、曲调的升降以此为原则。第一句开门见山,总述山川之美,起调要稍高,语速要慢,"美"字稍重,"谈"字拉长,才能以悠扬的曲调把愉悦兴奋的心情表现出来。中间写景部分,总体上节奏要明快,连用十个四字句,两字一个音节,或抑扬顿挫,或慷慨激昂,节奏十分紧凑。"高峰"起调要高,"底"声音要沉,以强调山高谷深之貌。"壁"为入声,发音短促,斩钉截铁;"辉"为平声,宜委婉长吟,突出光色之丰富美丽。"青林翠竹,四时俱备",调式要平,"备"虽为去声,仍要适当长吟,以见四季更迭,青翠永久。"晓雾将歇,猿鸟乱鸣;夕日欲颓,沉鳞竞跃",这是山水最有生机的部分,且写景将尽,兴致将要尽抒,节奏要急促一些,以充分调动情感。"歇"为入声,"鸣"为平声,"颓"为平声,"跃"为入声,一平一仄,语调铿锵,节奏鲜明,至"跃"戛然而止,以留余韵。再以舒缓的语调将"实是欲界之仙都"吟出,既是收束全景,又为总结全文做了铺垫。因此,"欲界"二字可适当加重,以显示前景之优美;"仙都"二字可适当长吟,以总结全文,尽抒其情,舒展前面急促之气。最后一句为余韵,吟调可稍降,吟诵调要曲折舒缓,以让激荡起来的情绪安舒下来。

51　三峡[1]

(北魏) 郦道元

　　自三峡[2]七百里中,两岸连山,略无阙[3]处。重岩叠嶂,隐天蔽日[4],自非亭午夜分,不见曦月[5]。

　　至于夏水襄陵,沿溯阻绝[6]。或王命急宣[7],有时朝发白帝,暮到江陵,其间千二百里,虽乘奔御风,不以疾也[8]。

　　春冬之时,则素湍绿潭,回清倒影[9],绝巘多生怪柏[10]。悬泉瀑布,飞漱[11]其间,清荣峻茂,良多趣味[12]。

　　每至晴初霜旦,林寒涧肃[13],常有高猿长啸,属引凄异,空谷传响,哀转久绝[14]。故渔者歌曰:"巴东三峡巫峡长,猿鸣三声泪沾裳[15]。"

作者介绍

　　郦道元(约470—527),字善长,范阳涿县(今河北涿州)人。北魏时做安南将军、御史中尉等职,后出京做关右大使。郦道元博识好学,博览群书,著有《水经注》。

注释

　　[1]本篇选自《水经注》卷34。《水经》是一部记录全国水道的地理学

著作。原作传说为东汉桑钦作,清代学者认为是三国时人作。郦道元感于原作太简略,即尽力为此书作注,遍寻群书,佐以个人亲身所历,引书430多种,将原书137条水道,增加至1252条,保存了大量的文献与民俗资料。文笔简洁优美,描写生动,对后来的游记散文极有影响。

[2]三峡:长江三峡,瞿塘峡、巫峡、西陵峡的合称。西起重庆奉节的白帝城,东迄湖北宜昌的南津关,长193千米。两岸绝壁森立入云,江中急流险滩相连,为山水名胜。

[3]阙:缺,中断。

[4]隐:遮挡。蔽:遮蔽。

[5]亭午:正午。夜分:半夜。曦(xī):日光,这里指太阳。

[6]襄:上。陵:大的土山。此句意为,夏天大水漫涨,冲上高陵。沿:顺流而下。溯(sù):逆流而上。阻绝:隔断。

[7]或:有时。王命急宣:朝廷紧急发布文告。宣,传达、发布。

[8]朝发白帝:早晨从白帝城出发。暮:晚上。虽:即使。奔:奔驰的快马。御风:驾风。不以疾:不以之为快。

[9]素湍:白色的急流。回清倒影:在回旋的清波上留下两岸的倒影。

[10]巘(yǎn):山峰。怪:奇怪。

[11]漱:喷射。

[12]清荣峻茂:清清的江水,山间的繁花,高峻的山峰,茂盛的林木。良:甚。

[13]晴初:初晴。霜旦:下霜的早晨。寒:清冷。肃:肃杀。

[14]属(zhǔ):连续。引:延长。"属引"意为猿声连续不断。凄异:异常凄凉。传:回旋。哀转:悲哀婉转。绝:消失。

[15]渔者:打鱼的人。巴东:古郡名,辖境在今重庆东部。三声:多声。沾:湿。

导读

作者以客观的观察、细腻的文笔,写出三峡四时变化,景色各异。全文共四小段。第一段写三峡山高谷深。先横观,直写两岸高峰延伸几百里,连绵不断,以壮山势高雄;后纵览,以非正午及午夜不见日月之景,侧面衬托峡谷渊深,写出山势奇绝。第二段写了夏季江水的宏大湍急。先以夏季涨汛,江水冲上高坡,水势汹涌,阻断船只航行,说明水势之宏大;继以朝廷急于传达文告,人们冒险行船,可朝发白帝,夕至江陵,比乘奔马、驾清风更快,突出江流的迅急。第三段写春、冬之时的美景。相对夏天,春、冬之江水偏静。文章以丰富的色彩描绘了三峡无限生机。白波、绿潭、山光、水影、飞泉、流瀑,葱郁的山林、奇异的松柏、绚烂的山花,蕴藏着良多趣味。最后写了令人悲伤的秋季三峡的凄凉肃杀。先以"林寒涧肃"的秋景渲染清冷肃杀的气氛。继以凄厉而哀转不绝的猿声再行烘托,令人不胜感伤。以民谣"巴东三峡巫峡长,猿鸣三声泪沾裳"作结,更让人感同身受,增强了真情实感。文章很能紧扣景物的季节特点,善用侧面衬托,兼以直接描写和真切的比喻使情貌毕现。客观的态度、冷静的情感,使三峡的四时之景更显真实。语言多四字一句,非常整饬,间以奇句,舒放自由,自然得体。

吟诵提示

本文的基本情感基调是冷静、客观,吟诵时语调平稳,依字行腔,通过声调的强弱高低配合所述景物的特征,即可表现出对三峡四时景物的真情实感。所以,首段起调要高,声音要重。前两句句尾字都是平声,似在向人介绍三峡景致一般,因此,要语气沉稳,语速舒缓。至"略无阙处"语速开始加快,短促急收,以突出山势之雄峻。次段还要以紧促的节奏、较快的语速、跌宕的音调,在表达水流之快、江滩之险、水势之大的同时,衬托出轻舟一日千里的惊人速度。三段配合春、冬季节的景物之静之美,情感略显愉悦、兴奋,曲调可以婉转,语速变得舒缓,平声尽量长吟,以充分品味三峡春冬的良多趣味。最后一段描述凄凉肃杀、引人伤感的秋景,要以略带感伤的情绪吟诵,渔者的歌词尤其要放慢语速,语调要低沉,以引人伤感。总之,文章以说明性文字描述三峡景致,吟诵时情感要配合对三峡四时景物的感受,达到以声传情、以情入景,使景物充满真情实感的效果。

52　马说[1]

(唐)韩愈

世有伯乐[2],然后有千里马。千里马常有,而伯乐不常有。故虽有名马,祗辱于奴隶人之手,骈死于槽枥之间,不以千里称也[3]。

马之千里者,一食或尽粟一石[4]。食马者不知其能千里而食也[5]。是马也,虽有千里之能,食不饱,力不足,才美不外见[6],且欲与常马等不可得,安求其能千里也?

策[7]之不以其道,食之不能尽其材,鸣之而不能通其意,执策而临之,曰:"天下无马!"呜呼!其真无马邪?其真不知马也!

作者介绍

韩愈(768—824),字退之,河南河阳(今河南孟州南)人,自谓郡望昌黎,世称"韩昌黎"。唐德宗在位的贞元末,官至监察御史,因事被贬为阳山县令;后来回朝再做到刑部侍郎,又因反对宪宗皇帝拜迎佛骨,再次被贬为潮州刺史。晚年官至吏部侍郎,死后谥为"文",所以后世称之为"韩文公"。他是唐代古文运动的发起者和领导者,呼吁重振儒家学说以反对佛、道二教,提倡写作古文和改革文风。他的诗歌也很有特色,所有这些对宋代以后的思想界、文学界都产生了很大的影响。

注释

[1] 马说：韩愈文集中有四篇杂文，总体为《杂说》，这是其中的第四篇，后世选本一般多加上"马说"的题目。

[2] 伯乐：传说中掌管天马的人，后人遂用来称呼善于相马的人，秦穆公时的孙阳，善相马，被称为伯乐。

[3] 祇：只是，正是。奴隶人：养马以及驾驭马的那些人。骈(pián)死：与凡马一同死掉。槽枥：喂马拴马的地方。

[4] 一食(shí)：吃一顿。一石(古读 shí，今读 dàn)：60千克左右。

[5] 食(sì)马者：喂养马的人。食，喂养。本句"不知其能千里而食"的"食"和下文"食之不能尽其材"的"食"也都是喂养的意思。

[6] 外见(xiàn)：表现在外面。见，通"现"。

[7] 策：鞭打。

导读

《马说》是一篇借物寓意的杂文，"说"就是谈谈的意思，是古代的一种议论文体裁。这篇文章以千里马为喻谈人才问题，表达了作者对统治者不能识别人才、不重视人才、埋没人才的强烈愤慨。本文运用比喻的修辞方法，把人才比作千里马，把愚妄浅薄、不识人才的统治者比作"食马者"，把有识人之才的统治者比作伯乐，通过千里马"祇辱于奴隶人之手，骈死于槽枥之间"的遭遇形象地写出了真正的人才被埋没的现实际遇，以"食不饱，力不足，才美不外见"写千里马被埋没的原因，暗喻有才之士受到的不公正待遇和不幸的处境，行文中洋溢着强烈的不平之气，具有很高的认识价值。

吟诵提示

这是一篇托物言志、思想深刻的议论文。作者借千里马不能被人所识、所用,感叹人才的被埋没、被摧残,暗讽统治者昏庸无能、不识人才,抒发自己怀才不遇的愤慨之情。吟诵的感情基调要沉郁悲凉,严肃之中又有一些无奈。吟诵的节奏要适中,音调略高,有鸣不平的意思。全文大多为短句,每句的最后一字,平声长,仄声短,入声最短促。全文共三段,前两段最后两个"也"字长吟,起到分段的作用。

第一段,首句"世有伯乐"起调要高,表达作者对伯乐的期盼,第二句的"马"字略长吟,强调先后次序。"千里马常有,而伯乐不常有"第二个"有"字略长吟,"伯乐"两字加重语气,表明伯乐难寻。接下来,"故"字略停顿,引出后面的议论。"祇辱于""骈死于"两个"于"字略停顿,以突出千里马受辱的对象和"骈死"的地方,反映出作者对千里马的同情。最后的"也"字长吟,显示惋惜之情。

第二段,"马之千里者,一食或尽粟一石"的"者"字加重语气,仿佛是在提醒说的是千里马并非凡马,"石"重读,说明千里马的食量大。"食马者不知其能千里而食也",两个"食"字及第三段的"食"字均要破读作 sì;"者"字略停顿,指明不知千里马的人;"也"字长吟,感叹伯乐不常有。"是马也,虽有千里之能"的"是"字重读,"能"字长吟,再次强调这是千里马。"力不足,才美不外见"的"力不足"三字均是入声,声音要短促,"见"字重读。"且欲与常马等不可得,安求其能千里也"的"得"是入声,要短促;"能"字略停顿,表达"岂能"之意;"也"字长吟,再显惋惜之情。

第三段,"策之不以其道,食之不能尽其材,鸣之而不能通其意"中三个"之"字略停顿,强调三种对待千里马的方式,流露出作者的愤怒和无奈。"天下无马"四字要吟出讽刺的味道,把说"天下无马"的人的昏庸愚昧表现出来。接下来"呜呼"的"呼"字长吟,略带颤音,郁郁不平,不吐不快。"其真无马邪?其真不知马也"第一个"真"是否定的意思,第二个"真"字重读,是肯定的意思。"其真不知马也",衬托出伯乐不常有,吟诵时节奏略慢,"也"字长吟,呼应前面的"呜呼",有呐喊的意味,发人深省。

53　陋室铭[1]

(唐)刘禹锡

山不在高,有仙则名。水不在深,有龙则灵[2]。斯是陋室,惟吾德馨[3]。苔痕上阶绿,草色入帘青[4]。谈笑有鸿儒,往来无白丁[5]。可以调素琴,阅金经[6]。无丝竹之乱耳,无案牍之劳形[7]。南阳诸葛庐,西蜀子云亭[8]。孔子云:"何陋之有[9]?"

注释

[1]陋室:简陋的居室。铭:一种文体,一般是刻于器物上用来赞述功德或自我警诫的文字。

[2]灵:灵动、有精神。

[3]斯:这。惟吾德馨:只有我高贵品德的馨香远远散布。馨,香气。

[4]苔痕上阶绿:石阶长满青苔被铺成了绿色。草色入帘青:门外碧草绿色透入竹帘,使满屋浸绿。

[5]鸿儒:学问深湛的饱学之士。白丁:目不识丁的文盲。

[6]调:弹奏。素琴:没有装饰的琴。金经:用泥金书写的佛经,表示佛经的尊贵。

[7]丝竹:管乐与弦乐。乱:聒噪,烦乱。案牍:公文。劳形:使形体疲劳。

[8]诸葛庐:诸葛亮出山前居住的简陋茅舍。子云:扬雄的字。扬雄是

蜀郡成都人,西汉著名的学者、思想家、文学家。《汉书》说他"有田一廛,有宅一区",后人称之"扬子宅",其居室甚为简陋,这里为了押韵,说成了"子云亭"。

[9]何陋之有:语出《论语·子罕》:"子欲居九夷,或曰:'陋,如之何?'子曰:'君子居之,何陋之有?'"孔子要居九夷,有人说九夷太简陋,孔子说君子居住在那里,那里就不简陋了。意思是,君子不以简陋为陋,而以德行之陋为陋,有德自然就不简陋,强调人的品格修养才是最重要的。

导读

刘禹锡生性傲岸耿介,政治上虽不得意,但倔强坚韧,从不屈服。他因参加王叔文改革,失败后长期被贬。他曾被贬为安徽和州通判,知县落井下石,把他安排在偏僻的城南临江而居,刘禹锡乐观地题诗"面对大江观白帆,身在和州思争辩"。知县又把他迁到城北河边,居室由三间变一间半,刘禹锡仍乐观题诗:"垂柳青青江水边,人在历阳心在京。"知县怒而迁之城中,居于仅容一床、一桌、一椅之斗室。刘禹锡有感于知县卑鄙势利,愤而写此铭文,刻石立门明志,表现了他乐观豪迈、安贫乐道的高洁品质和坚强不屈、耿介刚正的斗争精神。前四句以山因仙而名、水因龙而灵起兴,意气勃发,情志昂扬,引出再简陋恶劣的环境也会因高尚精神的照耀而光彩焕发的深意,即落脚于"斯是陋室,惟吾德馨"的十分自信、自我肯定的主题上,表达了对龌龊小人邪恶用心的不屑与嘲弄。继之分述德行馨香流溢。苔痕上阶,草色入室,并非冷清寥落,而是清静安逸,因为有高人相陪,有琴可调,有金经可阅,而无俗事相扰、丝竹乱心,纯粹一片幽静、雅洁、快乐的自由天地,庸俗之辈怎能解此中妙味?最后,作者以大政治家诸葛亮、大思想家扬雄作比,展示了其高远宏阔的志向,更加突出了对宵小丑恶嘴脸的鄙视。最后引孔子"何陋之有",以反问作结,语气沉重,情感强烈,充分表达了其豪迈乐观的胸怀,亦照应开头主题,有力收束全篇。文法上有兴、有比、有赋,铺排衬托,气势充沛,情感激越,渲染一片乐观的豪情。

吟诵提示

这是一篇铭文,作者赞美其住房虽然简陋但却儒雅。这也是一篇韵文,有8个韵字:"名"、"灵"、"馨"(古音读 xīng)、"青"、"丁"、"经"、"形"、"亭"。吟诵时,感情基调要轻松明快,悠然自得。每句的最后一字,平声长,仄声短,其中韵字长吟,非韵字的平声字"高""深""儒""琴""庐"半吟即可,两个入声字"室""绿"最短促。

"山不在高,有仙则名。水不在深,有龙则灵"的"仙""龙"两字略加重语气,意在强调其"名盛""灵动"的作用。"斯是陋室,惟吾德馨"的"吾"字略重读,表明品行超众的人是我。"谈笑有鸿儒,往来无白丁"的"儒"字略带颤音,把主人公的自豪感表现出来。"无丝竹之乱耳,无案牍之劳形"的两个"无"字略停顿,以引出下文,表现主人精神的自由、人格的独立。最后一句"何陋之有"的"何陋"两字重读,以反问语气画龙点睛,彰显陋室不陋。

54　小石潭记[1]

（唐）柳宗元

从小丘西行百二十步,隔篁竹,闻水声,如鸣珮环,心乐之[2]。伐竹取道,下见小潭,水尤清冽[3]。全石以为底[4],近岸,卷石底以出[5],为坻,为屿,为嵁,为岩[6]。青树翠蔓[7],蒙络摇缀[8],参差披拂[9]。

潭中鱼可[10]百许头,皆若空游无所依[11]。日光下澈,影布石上[12]。佁然[13]不动,俶尔远逝[14],往来翕忽[15],似与游者相乐。

潭西南而望,斗折蛇行,明灭可见[16]。其岸势犬牙差互[17],不可知其源。

坐潭上,四面竹树环合[18],寂寥[19]无人,凄神寒骨[20],悄怆幽邃[21]。以其境过清,不可久居,乃记之而去[22]。

同游者:吴武陵,龚古,余弟宗玄。隶而从者,崔氏二小生:曰恕己,曰奉壹。

作者介绍

柳宗元(773—819),河东解(今山西运城西南)人,字子厚,世称"柳河东"。唐代文学家,"唐宋八大家"之一,与韩愈并称"韩柳"。少时精敏绝伦,写文章卓伟精致,后因参与王叔文改革被贬,曾任永州刺史,后改柳州一生曲折,文甚哀怨。文章结构严谨,思想深邃,语言凝练,影响深远。特别其山水游记改变了传统散文的实用观念,发展出文学化、抒情化的散文类型。有《河东先生集》传世。

注释

[1]本文为"永州八记"第四篇,是柳宗元著名的山水游记。

[2]小丘:低矮的小山包。篁(huáng)竹:竹丛或竹林。鸣:响声。珮环:佩戴在身上的玉器装饰。心乐之:心里为之快乐。

[3]尤:特别。清冽(liè):清澈寒凉。

[4]全石以为底:潭水的底部是一整块石头。

[5]卷(quán)石底以出:石头翻卷露出水面。

[6]坻(chí):水中小洲或高地。屿:露出水面的小岛。嵁(kān):凸凹不平的岩石。岩:崖岸。

[7]蔓:攀缘的藤蔓。

[8]蒙络摇缀:掩映缠绕,飘动下垂。

[9]参差披拂:长短错落,随风飘动。

[10]可:大约。

[11]若空游无所依:好像在空气中游走无所依傍,极写潭水之清澈。

[12]日光下澈,影布石上:阳光完全照下,鱼的影子映照在潭底的石头上。

[13]佁(yǐ)然:静止的样子。

[14]俶(chù)尔:忽然。远逝:游到远远的地方。

[15]翕(xī)忽:急速的样子,形容动作迅疾。

[16]斗折蛇行:像北斗星一样曲折,像爬行的蛇一样弯曲,形容小潭源泉溪水的曲折蜿蜒。明灭可见:虽然细小幽暗,但溪水隐约,仍然有清晰的踪迹。

[17]犬牙差(cī)互:像狗的牙齿一样参差不齐。

[18]环合:像环一样围成一圈。

[19]寂寥:寂静空虚。

[20]凄神寒骨:使心神凄然,让肌骨生寒。

[21]悄(qiǎo)怆(chuàng):忧伤的样子。幽邃:幽静深远。"悄怆幽邃"意为凄清幽静得让人黯然神伤。

[22]过清:过于冷清。居:逗留。记:写下此文。

导读

柳宗元的山水游记,非单为写景作记,而往往包含着幽深的情感。他笃信佛教,常与韩愈辩难,认为佛教"乐山水而嗜闲安",并主张情感不宜直露,所以,其作品往往蕴藉含蓄、深沉隽永。本文写了小石潭的幽凄与清冷,隐约映现出其内心的孤峭、幽怨,婉转地表达了其屡遭贬谪后的真实心境。

首段精致地刻画了小石潭的幽清。首句以丛竹掩映,未睹小潭,只闻其声,写了小潭之"幽"。次句直写小潭总貌,细画泉石百态,文笔生动,点出小潭"清洌"神韵。最后一句写小潭周围竹环树绕,蓊郁披拂,再现小潭处境之"幽"。次段照应上文"清洌",细画小潭的空灵与生机。小潭水清得如无一物,鱼就像浮在空中一样,动静自在,嬉戏游乐,清幽中一片无声的生灵活趣,更反衬了小潭的清静。此段写景如画,只有一片清静的心,才能映现出如此清静之境。第三段再转一境,写了汇入潭水的远来溪流明灭隐约、曲折蜿蜒与不可知其源的神秘莫测,写出了小潭模糊与朦胧的一面,由实入虚,增添其"幽"的气氛。第四段总写小潭之"清幽",凄神寒骨,让人忧伤不堪,不忍久留。小文结构严谨,意蕴含蓄隐约,语言简洁精练,善用短句,节奏明快;写景如画,十分优美,于似乎无心的平淡之处现出其内心的隐曲。

吟诵提示

这是一篇以写景著称的游记散文,记述了作者在小石潭的游踪、游景和游感。文章生动、细腻地描写了小石潭及周围环境的幽美,含蓄表达了作者在贬谪生活中的失意、凄苦之情。吟诵时感情基调要悠闲舒缓,节奏略慢。全文多为短句,每一句的最后一字平声长,仄声短,入声更短促。

全文共五段。第一段写小石潭的幽美环境。第一句"丘"字长吟,点明出发的地点;"闻水声"的"声"字长吟,强调主要是因为水声的吸引才前往的;"心乐之"的"之"字长吟,表明很喜欢、很想去有水声的地方。"为坻,为屿,为嵁,为岩"两字一顿,"岩"字略长吟,如数家珍,形态各异。位于各句末尾的"竹""冽""出""拂"皆为入声,吟诵时要短促,开口即收,展现小石潭灵动的美景。

第二段写潭水和游鱼。第一句"鱼"字长吟,点明描写的对象;"空"字重读,"游""依"两字长吟,以突出潭水清澈见底,这是全文最为精彩的描写。接下来的"彻""忽""乐"均是入声,要短促,开口即收,表现游鱼与潭水动静相宜、彼此映衬,给人留下澄怀的深刻印象。

第三段追寻小石潭的水源。第一句"行"字长吟,表现溪水弯弯曲曲、时隐时现。"其岸势犬牙差互"的"牙"字长吟,意在强调其岸如参差不齐的犬牙。"不可知其源"的"源"字长吟,不知源头在哪里,给人留下充分的想象空间。

第四段写对小石潭的感受和印象。"合""骨"两个入声字要吟得短促;"人"字长吟,突出幽静。"乃"字略停顿,"去"字重读,有赶快离开的意思。这一段要略带忧伤,表现作者凄苦孤寂的心情,与第二段的"乐"形成对比。

第五段交代同游之人,声音略低,语速略快。

55　岳阳楼记

(宋) 范仲淹

庆历四年[1]春,滕子京谪守巴陵郡[2]。越明年[3],政通人和,百废具[4]兴,乃重修岳阳楼,增其旧制[5],刻唐贤今人诗赋于其上,属[6]予作文以记之。

予观夫巴陵胜状[7],在洞庭一湖。衔远山,吞长江,浩浩汤汤[8],横无际涯;朝晖夕阴,气象万千。此则岳阳楼之大观[9]也,前人之述备矣[10]。然则北通巫峡[11],南极潇湘[12],迁客骚人[13],多会于此,览物之情,得无[14]异乎?

若夫淫雨霏霏[15],连月不开,阴风怒号,浊浪排空,日星隐曜,山岳潜形,商旅不行,樯倾楫摧[16],薄暮冥冥[17],虎啸猿啼。登斯楼也,则有去国怀乡[18],忧谗畏讥[19],满目萧然,感极[20]而悲者矣。

至若春和景明[21],波澜不惊,上下天光[22],一碧万顷,沙鸥翔集[23],锦鳞[24]游泳,岸芷汀兰[25],郁郁青青。而或长烟一空,皓月千里,浮光跃金[26],静影沉璧[27],渔歌互答,此乐何极!登斯楼也,则有心旷神怡,宠辱偕[28]忘,把酒[29]临风,其喜洋洋者矣。

嗟夫[30]!予尝求古仁人之心[31],或异二者之为[32]。何哉?不以物喜,不以己悲[33]。居庙堂[34]之高,则忧其民;

处江湖[35]之远,则忧其君。是进亦忧,退亦忧,然则何时而乐耶？其必曰"先天下之忧而忧,后天下之乐而乐"乎。噫[36]！微斯人[37],吾谁与归[38]！时六年[39]九月十五日。

注释

[1]庆历四年:1044年。庆历是宋仁宗赵祯的年号。

[2]滕子京:名宗谅,字子京,与范仲淹同年进士。谪:贬官降职或流放。巴陵郡:岳州的古称。

[3]越明年:到了第二年。

[4]具:同"俱"。

[5]旧制:先前的规模。

[6]属(zhǔ):同"嘱",托付。

[7]夫:语气词。胜状:美景。

[8]汤(shāng)汤:水势盛大的样子。

[9]大观:雄伟壮丽之景。

[10]前人之述:指"唐贤今人诗赋"中对岳阳楼的记述。备:完备,详尽。

[11]巫峡:长江三峡之一。

[12]极:通到,达于。潇湘:湖南的潇水和湘水。

[13]迁客:降职调往偏远地区的官吏。骚人:战国时期的楚国诗人屈原作《离骚》,后世往往用来称呼诗人。

[14]得无:能不,岂非。

[15]若夫:领起下文的发语词。淫雨:连绵不断的雨。

[16]樯(qiáng):桅杆。楫(jí):船桨。

[17]薄暮:傍晚。冥冥:天色昏暗。

[18]去:离开。国:京城,都城。

[19]忧谗畏讥:担心、害怕别人的诽谤和讥讽。

[20]感极:感慨到极点。

[21]至若:至于。景明:日光明丽。

[22]上下天光:天色和湖光相映,上下一色。

[23]沙鸥:一种水鸟。翔集:时飞时聚。

[24]锦鳞:指水中美丽的游鱼。

[25]芷(zhǐ):香草名。汀:水中或水边平地。

[26]浮光:照在水上的月光,随水波浮动。跃金:如金光般闪耀。

[27]静影:水面不动时的月影。沉璧:指水中月影像沉在水底的白玉。

[28]偕:一起。

[29]把酒:端着酒杯。

[30]嗟夫:感叹词,相当于现代汉语的"唉"。

[31]求:探求。古仁人:古代怀抱仁心、品德高尚的人。

[32]为:表现,做派。

[33]不以物喜,不以己悲:悲与喜不取决于境遇的好与坏。

[34]庙堂:宗庙和殿堂,古代用以指朝廷。

[35]江湖:乡野、民间,远离朝廷的地方。

[36]噫:唉。

[37]微:无,少了。斯人:指"古仁人"。

[38]归:同道,看齐。

[39]六年:庆历六年,即1046年。

导读

本文是作者于宋仁宗庆历六年应好友滕宗谅之请而写。文章通过写景抒情言志,对一般"迁客骚人"局限在个人狭窄圈子里的情感予以否定,提出了"先天下之忧而忧,后天下之乐而乐"的抱负和理想,表现了作者与朋友虽被贬谪,但仍以道义相期的高远思想境界。

全文由扼要的叙事、生动的写景和简短的议论三部分组成。首先，叙事部分交代了此文写作背景，特别是指出滕子京的遭遇，为下文写"迁客骚人"做铺垫；其次，写景部分，先总写洞庭湖的浩渺，再连续描摹阴、晴两种天气下的湖光山色，以衬托迁客骚人的心境；最后，议论部分才是文章的主旨所在，然而这个点题的效果却是通过着力描摹景物而达成的。篇中写阴雨、晴明的两段文字用语凝练，形象生动，使人如临其境、回味无穷。

吟诵提示

这是一篇文学色彩较浓、带有一定音韵的散文，吟诵时需要注意这一点。本篇写景、抒情、议论兼顾，有情感宣泄，更有理性思索，吟来抑扬顿挫、酣畅淋漓，以唐调诵读此文较为合适。

开篇点明时间、人物、地点、事件，起调不宜高，中等偏下。语速稍缓但不拖沓，句与句之间语音衔接紧凑，以便气息连贯。"谪守""政通人和，百废具兴"音调略提，表现对滕子京虽被贬谪，但仍不荒废政务的肯定。"刻唐贤今人诗赋于其上"语调两边低、中间高，反映出岳阳楼的新气象。段末句尾音拖足，以示结束。

第二段主要描写洞庭湖之广阔气象，语调提升，语速加快。"衔远山，吞长江"直至"前人之述备矣"一气呵成，仿佛洞庭湖之壮美一时之间尽展眼前。虽是一气呵成，但由于句式参差，语句较长，中间非偷气不可。"横无际涯""气象万千""大观也"后可各换气一次，当然每个人气息长短不同，因人而异，做到气贯意连即可。"然则北通巫峡"一节语意转换，此前可稍加停顿，定神凝气，语速放缓，语调降低，融情入景。"述备矣"是一节之末，"得无异乎"是一段之尾，要处理好尾声，拖足音值。

第三、四两段皆因景生情，前段是"以物悲"，后段是"以物喜"，情景各相对，形成强烈的反差。因此，这两段的吟诵一定要音值、语调、语速、节奏等兼顾，才能准确地以声传情。第三段整体速度缓慢，语调压低但不柔弱，字字铿锵、句句哽咽，悲怆之情在"感极而悲者矣"处达到极致，将"极"与

"悲"二字用力抛出,"矣"字拖长尾韵,此时的情感随声音低落至极点。第四段语速陡然加快,语调猛然扬高,与第三段相比,颇有否极泰来的狂喜。开头直至"此乐何极"一气贯穿,春和景明,美不胜收。"登斯楼也"之后放慢速度,同样是放缓,但与第三段的"登斯楼也"所表达的情感完全不同,上段悲极将泣,声音压沉、压实,而此段则完全沉醉于美景之中忘乎所以,咽喉要打开,声带放松,表现出一种舒畅感。

尾段进入理性思考,表达自己的见解,语速适中,字字掷地有声,意志坚定,说服力强。"不以物喜,不以己悲"语调中等,"庙堂之高""江湖之远"提升语调形成对比,"然则何时而乐耶"尾字拖长音值,为本文的点睛之笔蓄势待发。"先天下之忧而忧,后天下之乐而乐"是全篇主旨,吟诵时要吐字清晰,顿挫有力,甚而拍股击节,情绪激昂。"微斯人,吾谁与归"从前句的激昂中回归现实。"噫"字一声长叹,并借此换气;"归"字在篇末,音值拖足以示结尾,并随声音的回荡陷入良久的沉思。

唐调吟诵古文,气势丰沛,又不失婉转,尤其尾腔的回环往复特色鲜明,听起来有美感,且有规律可循,是背诵、欣赏古文可资借鉴的传统读书方法。

56　醉翁亭记

(宋) 欧阳修

环滁皆山也[1]。其西南诸峰，林壑[2]尤美，望之蔚然而深秀者[3]，琅琊[4]也。山行六七里，渐闻水声潺潺[5]，而泻出于两峰之间者，酿泉[6]也。峰回路转，有亭翼然[7]临于泉上者，醉翁亭也。作亭者谁？山之僧智仙也。名之者谁？太守[8]自谓也。太守与客来饮于此，饮少辄醉，而年又最高，故自号曰醉翁也。醉翁之意不在酒，在乎山水之间也。山水之乐，得之心而寓[9]之酒也。

若夫日出而林霏[10]开，云归而岩穴暝[11]，晦明变化者，山间之朝暮也。野芳发而幽香[12]，佳木秀而繁阴[13]，风霜高洁，水落而石出者，山间之四时也。朝而往，暮而归，四时之景不同，而乐亦无穷也。

至于负者歌于途，行者休于树[14]，前者呼，后者应，伛偻[15]提携，往来而不绝者，滁人游也。临溪而渔，溪深而鱼肥；酿泉为酒，泉香而酒洌[16]；山肴野蔌[17]，杂然而前陈者，太守宴也。宴酣之乐，非丝非竹[18]，射[19]者中，弈[20]者胜，觥筹交错[21]，起坐而喧哗者，众宾欢也。苍颜白发，颓然[22]乎其间者，太守醉也。

已而夕阳在山，人影散乱，太守归而宾客从也。树林阴翳[23],鸣声上下,游人去而禽鸟乐也。然而禽鸟知山林之乐,而不知人之乐;人知从太守游而乐,而不知太守之乐其乐[24]也。醉能同其乐,醒能述以文者,太守也。太守谓谁?庐陵[25]欧阳修也。

作者介绍

欧阳修(1007—1072),字永叔,号醉翁,晚年又号六一居士,吉州吉水(今属江西)人。幼年丧父,家境贫困,中进士后为官正派,积极参与当时的政治变革,因而迭遭政敌的打击。中年以后历任显要职位,逐渐成为文坛公认的领袖,提倡新的写作风格,领导了北宋的诗文革新运动,培养了王安石、苏轼、曾巩等一批文学名家。他本人也是宋朝第一个在诗歌、散文、词的创作以及经学、史学研究方面都很有成就的大家。

注释

[1]滁(chú):滁州(今安徽滁州)。其地仅西南部有丛山,所以此句实是夸张的写法。

[2]林壑(hè):树林和山谷。

[3]蔚然:树木茂盛的样子。深秀:幽深秀丽。

[4]琅琊:山名,在滁州西南部。

[5]潺(chán)潺:溪水流动的声音。

[6]酿(niàng)泉:泉水名,又名醴泉。

[7]翼然:亭子的檐角如飞鸟展翅一样。

[8]太守:作者的自称。汉代郡的长官称太守,宋代的州相当于汉代的郡,故有此称谓。

[9]寓:寄托。

[10]林霏:林中的雾气。

[11]暝:昏暗。

[12]芳:花。发:花开。

[13]秀:茂盛。繁阴:浓密的树荫。

[14]"至于负者"二句:行人中有负重、挑担者,也有徒行者,他们或边走边歌,或在树下休息。

[15]伛偻(yǔlǚ):腰弯背曲的样子,指老人。

[16]洌(liè):清。

[17]蔌(sù):菜蔬。

[18]丝:弦乐器,琴、瑟之类。竹:管乐器,箫、笛之类。

[19]射:古代宴饮时的一种娱乐活动,以矢投壶,投中多者为胜,负者饮酒。

[20]弈:围棋。

[21]觥(gōng):酒杯。筹:古代投壶游戏所用的矢,或说是饮酒时计胜负的筹码。

[22]颓然:醉倒的样子。

[23]阴翳(yì):遮蔽成荫。翳,覆盖。

[24]乐其乐:以众人之乐为乐。此处和下句的"其"均代指众人。

[25]庐陵:今江西吉安。

导读

本文是作者因支持、参与庆历新政而被贬滁州后的作品。作者虽处在政治上失意之时,却有意避免感伤情绪,竭力抒写自己寓情山水、悠闲自适的心态。文虽名"记",颇近赋体。从文章开头交代醉翁亭的环境位置,一直到山中四季景物的描写,似乎都是信笔所至、散漫无章的,但是细细读来,却能够感受到民众生活的快乐,从而理解作者所流露出的"与民同乐"的情绪。整篇文章表面上是表达一种闲适的生活态度,但是实际上是作者遭贬谪后寄情山水、排遣愁绪的情感写照。

本篇在"记"体文中很有特色,骈偶句大量运用,又长短错落而不呆板,并夹有散句,多以"也"字结尾。虽然不免稍有故作姿态的痕迹,但造成了一种一唱三叹的吟咏句调,加上句子整齐而又有所变化,音调响亮而又和谐,使得这篇散文特别宜于诵读。

吟诵提示

诗言志、酒消愁、乐娱情、月寄怀,这些似乎是中国文人共有的特性。《醉翁亭记》虽然是欧阳修被贬滁州之后的作品,但是文章以"乐"贯穿始终,给人的感觉是醉,是乐,是醒,是美,是诗情画意,令人神往!所以我们在吟诵的时候需要注意这一点,既不可过于低沉,也绝不同于兴高采烈式的高兴,而是在无奈之中自我开解的一种快乐之情。本文大多为短句,每句的最后一字平声长,仄声短,入声更短促。

全文共四段。第一段吟诵时起调可以稍高一点,第二句"其西南诸峰"的"西南"声调要高,指明美景所在的方向位置,也在暗示醉翁亭的位置。"山行"的"行"字长吟,表明行走了比较长的一段路。"有亭翼然"的"然"略停顿,这是强调醉翁亭的远景,有点朦胧的感觉。以下几句是叙述建亭和命名的缘起,"醉翁之意不在酒,在乎山水之间也"这两句声调略高一点,这是作者所要表达的主要意思。

第二段"日出而林霏开,云归而岩穴暝""野芳发而幽香,佳木秀而繁阴"等句,在吟诵的时候可以稍稍提高声调,突出自然风景的秀美,其中"野芳发"的"发"和"佳木秀"的"秀"两字略停顿,显示景物的特点,为下面作者寄情山水之乐做铺垫,即"朝而往,暮而归,四时之景不同,而乐亦无穷也"。

第三段描写宴游之乐。"泉香而酒洌;山肴野蔌,杂然而前陈者"中的"肴"字长吟,突出酒菜的丰盛;"射者中,弈者胜,觥筹交错,起坐而喧哗者,众宾欢也"的"中"字是去声,要重读,以衬托场面的热闹;"苍颜白发,颓然乎其间者,太守醉也"的"醉"字加重语气,凸显太守的醉态。

第四段描写禽鸟及众人之乐。"已而夕阳在山,人影散乱"的"乱"字重读,突出游人之乐的场面;"太守归而宾客从也"的"归"略停顿,表明众人在跟随太守。"树林阴翳,鸣声上下"的"上下"两字重读,"游人去"的"去"字略停顿,显示禽鸟之乐的情景;"醉能同其乐,醒能述以文者"的"醒能"两字声调要高;最后一字"也"长吟,凸显太守的得意和洒脱,也表达作者与民同乐的愿望。

在吟诵这一篇文章时尤其需要注意对文章独特性的表现,通篇文章的抑扬都是比较明显的,如"其西南诸峰,林壑尤美,望之蔚然而深秀者,琅琊也"一句,本为表现西南诸峰的优美,但是,作者在三句颇有赞赏的描写之后,用"琅琊也"来做一个结束,所以在吟诵的时候,需要把作者这种有节制的赞赏以适当的语调表现出来。具体来说,就是前三句句末不作刻意的停顿,语速也较为轻快,尾句在吟诵时需要稍微压低声调,并放缓语速,而尾句的尾字"也"需要适当拖长,以展现句法本身所表现出的抑扬,进而充分展现作者的思想感情。《醉翁亭记》整篇文章的 21 个"也"字,几乎每一个都是对之前句子强烈感情的收束,这一点贯穿整篇文章的吟诵,尤其需要注意。

57　爱莲说

(宋)周敦颐

水陆草木之花,可爱者甚蕃[1]。晋陶渊明独爱菊[2];自李唐[3]来,世人盛爱牡丹;予独爱莲之出淤泥而不染[4],濯清涟而不妖[5],中通外直[6],不蔓不枝,香远益清,亭亭净植[7],可远观而不可亵[8]玩焉。

予谓菊,花之隐逸[9]者也;牡丹,花之富贵者也;莲,花之君子者也。噫!菊之爱[10],陶后鲜有闻;莲之爱,同予者何人?牡丹之爱,宜乎[11]众矣。

作者介绍

周敦颐(1017—1073),字茂叔,道州营道(今湖南道县)人。曾任大理寺丞、国子博士。被认为是宋代理学的开创者之一,宋代著名理学家程颢、程颐都曾经向他学习。著有《太极图说》《通书》等。

注释

[1]蕃(fán):繁多。

[2]陶渊明独爱菊:陶渊明酷爱菊花,诗中有"采菊东篱下,悠然见南山"的名句。

[3]李唐:唐朝皇帝姓李,故有此称。

[4]染:沾染(污秽)。

[5]濯:洗涤。清涟:清澈的水。妖:妖媚。

[6]中通外直:莲梗里面贯通,外面直立。

[7]亭亭:耸立的样子。植:通"直",立。

[8]亵:轻慢。

[9]隐逸:隐居避世。

[10]菊之爱:对菊花的偏爱。

[11]宜乎:自然,当然。

导读

文章借莲花"出淤泥而不染"的自然特点来表现作者高洁的品格,并且暗讽那些追求富贵名利的世俗之辈。宋代士大夫沉溺于富贵者较前代更加突出,因此,本文有一定的现实意义。作者用精练的笔墨,通过对比表现出莲花的姿态、特点,以此来歌颂坚贞的气节,鄙视追名逐利的世态,也表现出作者洁身自好的情趣。文字简洁优美,含蓄而富有诗意。

吟诵提示

本文通过描写莲花的生活习性、姿态等来表现作者的气节,所以在吟诵时要对写莲花的句子与写牡丹、菊花的加以区分,以表现作者对莲的喜爱和对自我的期许。第一段中,"水陆"的"陆"略停顿,指出草木的范围,"晋"字略停顿,"世人"二字亦可稍微停留,以示强调。从"予独爱"句语调可适当提升,以示对"莲"之喜爱。"出淤泥而不染"与"濯清涟而不妖"对仗工整,吟诵时应该前低后高,以表现对莲的赞赏。从"中通外直"开始,连用四个四字句,吟诵时要掌握两字一节,节奏尽量紧凑,把对莲花的喜爱尽情地宣泄出来。"可远观"的"观"字长吟,强调只可看不可玩,表达对莲的敬畏之意。

第二段从"花之隐逸者也"开始,对菊、牡丹和莲的意象加以比较,吟诵时三个"者也"都要长吟,尤其是第三个"者也"不仅要长吟,还可以适当加重语气,以表示对莲花的喜爱。语气词"噫"字要长吟,一是继续抒发对莲的喜爱,同时开启对这三种花的评价。吟诵"同予者何人"时要强调"何人"二字,把作者曲高和寡的处境通过吟诵展现出来;最后一句则可以稍微压低声音,并对尾字做拖长处理,来表达作者的无奈之情。

58　记承天寺夜游

（宋）苏轼

元丰六年[1]十月十二日夜,解衣欲睡。月色入户,欣然起行。念无与为乐者[2],遂至承天寺[3],寻张怀民[4]。怀民亦未寝,相与步于中庭[5]。

庭下如积水空明[6],水中藻、荇[7]交横,盖竹柏影也。

何夜无月,何处无竹柏？但少闲人[8]如吾两人者耳。

注释

[1]元丰六年:1083年。元丰为宋神宗的年号。

[2]念无与为乐者:想到没有和自己一起欣赏月夜美景的人。

[3]承天寺:在湖北黄冈市南。

[4]张怀民:字梦得,当时也被贬到黄州,住在承天寺,与苏轼兄弟有很深的交情。

[5]步:散步。中庭:院子里。

[6]积水空明:月光清澈透明,犹如一泓清水。

[7]藻、荇(xìng):两种水草。

[8]闲人:空闲之人。当时苏轼被贬为黄州团练副使,不得签署公事,职衔还有"本州安置"的字眼,实际等同于戴罪流放,所以作者这样说含有发牢骚的意味。

导读

这篇短文叙写苏轼和朋友张怀民深秋月夜信步漫游的景象，"庭下如积水空明，水中藻、荇交横，盖竹柏影也"一句，以寥寥十几字创造了明净清幽的艺术境界。短文在表面轻松的笔调之下，透露出作者难以掩抑的苦闷心情，"但少闲人如吾两人者耳"一句，既是对朋友张怀民的赞许，更是对两人不得志境遇的感慨。

苏轼随笔式的散文大都是通过对日常生活片段的记叙表现文人自适的个性和旷达的情怀。苏轼这类散文在艺术上最为显著的特色，是用简略的文字，鲜明而又仿佛不经意地渲染出一种情调或一种心境。这对后世的小品文发展起到了很大的作用。

吟诵提示

这篇文章是苏轼因为"乌台诗案"被贬黄州之后所作，在闲适豁达之中又有壮志难酬的苦闷，所以在吟诵时起调不可过高。从开始到"步于中庭"是叙述作者夜游的原因，吟诵时语速要慢，语调要平缓，犹如与朋友拉家常一样。从"庭下"开始是描写承天寺的夜景，语速可适当加快，"如"字略停顿，引领"积水空明"。"水中"的"中"字略停顿，意在点明位置。"盖"字稍稍停顿一下，以凸显收束之感；"也"字拖长，把这种诗意美景充分展现出来。最后三句在吟诵时语调需要稍缓一些，尤其需要处理好"何夜""何处"两个词，可以通过加重语气的方式来实现对文章感情的展现，"但少闲人"的"人"字略停顿，显示诗人和张怀民的闲情逸致。"耳"字也需要拖长，通过语句的回环往复来表现诗人的不得志之情。文章最后一句只需依字行腔，稍稍拖长以表示文章的结束即可。

59 送东阳马生序[1]（节选）

(明) 宋濂

余幼时即嗜学[2]，家贫，无从致[3]书以观，每假借于藏书之家[4]，手自笔录，计日以还[5]。天大寒，砚冰坚[6]，手指不可屈伸，弗之怠[7]。录毕，走送之[8]，不敢稍逾约[9]。以是[10]人多以书假余，余因得遍观群书。既加冠[11]，益慕圣贤之道[12]。又患无硕师、名人与游[13]，尝趋[14]百里外，从乡之先达执经叩问[15]。先达德隆望尊[16]，门人弟子填[17]其室，未尝稍降辞色[18]。余立侍[19]左右，援疑质理[20]，俯身倾耳以请[21]；或遇其叱咄[22]，色愈恭，礼愈至[23]，不敢出一言以复[24]；俟其欣悦，则又请焉[25]。故余虽愚，卒获有所闻[26]。

当余之从师[27]也，负箧曳屣[28]，行深山巨谷中，穷冬[29]烈风，大雪深数尺，足肤皲裂[30]而不知。至舍，四支僵劲[31]不能动，媵人持汤沃灌[32]，以衾[33]拥覆，久而乃和[34]。寓逆旅[35]，主人日再食[36]，无鲜肥[37]滋味之享。同舍生皆被绮绣，戴朱缨宝饰[38]之帽，腰白玉之环，左佩刀，右备容臭[39]，烨然[40]若神人；余则缊袍[41]敝衣处其间，略无慕艳[42]意，以中有足乐者，不知口体之奉不若人也。盖余之勤且艰若此。

作者介绍

宋濂(1310—1381),明代著名文学家。字景濂,号潜溪,浙江浦江人。元末征为翰林编修,没有接受。明初主修《元史》,官至学士承旨知制诰。他学识渊博,文风简洁,极负文名。与高启、刘基合称"明初散文三大家"。

注释

[1]马生:向宋濂求学的晚辈同乡,太学生马君则。序:一种文体,有书序,有赠序,本文为赠序。

[2]嗜(shì)学:好学。

[3]致:得到。

[4]每:常常。假借:借。

[5]计日以还:计算着天数,到时送还。

[6]砚冰坚:砚上的冰结实难化。

[7]弗之怠:即使天寒地冻,手指伸不开,对学习也没有松懈。

[8]录毕:抄录完毕。走:跑,有赶快之意。

[9]稍逾约:稍微超过约定的期限。

[10]以是:因为这个原因。

[11]既加冠:意为"成人以后"。古代男子二十岁行加冠礼,以示成人。

[12]益:更加。慕:喜欢。圣贤之道:古代圣人所讲的道理。

[13]患:担心。硕(shuò)师:名师,大师。游:交游。

[14]趋:到。

[15]乡之先达:乡里有德行、有学问的先辈。执经:拿着经书。叩问:登门请教。

[16]德隆望尊:德高望重。隆,盛。尊,尊贵。

[17]填:充塞,表示很多。

[18]未尝稍降辞色:不曾稍微使言辞、脸色温和些,即先达们语气、态度十分严肃。

[19]立侍:站着陪侍。

[20]援疑质理:提出疑问,询问道理。援,提出。质,询问。

[21]此句意为,弯下身子侧着耳朵来请求解答问题,极言求学态度恭敬专心。

[22]叱咄(chìduō):斥责。

[23]色愈恭:脸色更加恭敬。礼愈至:礼节更加周到。

[24]出:说出。复:回答。

[25]俟:等到。请:请教。

[26]卒:最后。获:获得。

[27]从师:寻找老师学习。

[28]负箧(qiè)曳(yè)屣(xǐ):背着箱子,拖着鞋子。

[29]穷冬:隆冬。

[30]皲(jūn)裂:皮肤因寒冷干燥而开裂。

[31]僵劲:僵直。

[32]媵(yìng)人:指女仆。汤:热水。沃:洗。灌:喝。

[33]衾(qīn):被子。

[34]和:感到温暖。

[35]寓逆旅:住在旅馆里。

[36]日再食:一日两餐。

[37]鲜肥:新鲜、有油水的食物。

[38]朱缨宝饰:红色的帽带和珠宝之类的装饰。

[39]容臭(xiù):香囊。臭,气味,此处指香气。

[40]烨然:光彩照人的样子。

[41]缊(yùn)袍:破旧的袍子。

[42]慕艳:羡慕。

导读

宋濂以简洁朴实的语言记述了自己年轻时求学的勤苦经历,以之与太学生优越的学习条件相对照,勉励同乡太学生马君则,求学要珍惜好的条件,专心致志,刻苦自励,才能有所成就。

这篇文章之所以动人,主要体现在作者作为成功者在其求学的道路上所表现出来的贯穿始终的人格力量。文章没有讲如何学习,而重点放在了作者自己求学的艰难过程上,用自身的经历感染年轻的求学者,事实胜于雄辩。

文章中所体现出来的人格精神,有朴实、真诚、恳切、坚韧、专心、谦卑、正直、含蓄、博通、缜密以及忧道不忧贫的古君子之风。正是宋濂看到了年轻人马生文章的畅达、做人的平和,有这样好的基础,所以,正告他不要有侥幸心理和捷径心理,克服年轻人骄躁气息,要踏实,准备着走艰辛而漫长的为学之路。作者以自己良好的修养现身说法,产生了震撼人心的精神力量。实际上,在古代,许多文章的力量都来自人格修养,而不是来自写作技巧。

吟诵提示

这是一篇赠序的节选。作者以长辈兼同乡的身份,用诚恳质朴的语言循循善诱、娓娓道来,讲述自己当年艰苦求学、勤奋读书的经历,真切感人。作者尊师重教的故事,无疑是另一个版本的"程门立雪"。吟诵时,语速适中,感情基调亲切温和,语重心长;每一句的最后一字,平声长,仄声短,入声更短促。

本文分两段。第一段,主要写自己幼时无书之难和成年拜师之难。第一个"余"字长吟,吟诵时仿佛在讲自己的故事。"无从致书以观"的"观"字长吟,表明无书可观。"计日以还"的"还"字长吟,显示自己的诚信。常言道:"好借好还,再借不难。""天大寒,砚冰坚"的"寒""坚"略加重语气,强调寒冷的困境。"以是人多以书假余"的"是"字略停顿,意在说明"正因为如此","余因得遍观群书"的"书"字长吟,显示自己读书的愿望得到了一定的满足。"又患无硕师、名人与游"的"患"字略停顿,加重语气,有担心的口吻。"从乡之先达执经叩问"的"从"字略停顿,引领后面的"乡之先达"。接下来的内容是作者自己拜师问学的艰难过程,节奏慢一些,语调轻一些,体现自己的毕恭毕敬。最后一字"闻"长吟,表现收获的喜悦。

  第二段,主要写外出求学之难和生活之难。"负箧曳屣,行深山巨谷中"的"屣"字略停顿,表明外出时的行装。"行深山巨谷中"的"中"字长吟,"穷冬烈风"的"风"字略带颤音,"足肤皲裂而不知"的"知"字长吟,显示自己所处环境之艰苦。"四支僵劲不能动"的"支"字略停顿,强调自己的四肢;"久而乃和"的"和"字长吟,呼应"久"字。"无鲜肥滋味之享"的"无"字略停顿,有感叹的意味。"同舍生皆被绮绣"的"生"略停顿,强调和自己对比的人;"余则缊袍敝衣处其间"的"则"略停顿,对比的口气,意思是"而我是这样的"。"不知口体之奉不若人也"的"奉"字语气加重,略停顿,强调与"同舍生"对比的东西。"盖余之勤且艰若此"的"勤"字长吟,有总结上文的意味,"此"字重读,表明自己是在现身说法。

60　湖心亭看雪[1]

(明)张岱

崇祯五年[2]十二月,余住西湖。大雪三日,湖中人鸟声俱绝[3]。是日,更定[4]矣,余拿[5]一小舟,拥毳衣炉火[6],独往湖心亭看雪。雾凇沆砀[7],天与云、与山、与水,上下一白;湖上影子,惟长堤一痕[8]、湖心亭一点与余舟一芥[9]、舟中人两三粒而已。

到亭上,有两人铺毡对坐,一童子烧酒,炉正沸。见余,大喜,曰:"湖中焉得更有此人!"拉余同饮。余强饮三大白而别[10]。问其姓氏,是金陵人,客此。及下船,舟子喃喃曰[11]:"莫说相公痴,更有痴似相公者[12]。"

作者介绍

张岱(1597—1689),明末清初文学家,字宗子,一字石公,号陶庵、蝶庵,山阴(今浙江绍兴)人。出身世代官宦之家。少时为风流才子,生活优裕不求仕进,过着一种游山玩水、读书品艺的纨绔子弟的生活。他天资聪颖,性情放达,守大节而不拘泥。不曾做官。明亡后,晚年入山著书,多追忆往夕繁华。生活艰苦,隐居不出。著作多写于晚年,有《琅嬛文集》《石匮书》《陶庵梦忆》《西湖梦寻》等。

注释

[1]本文出自张岱《陶庵梦忆》,主要回忆张岱曾寓居于杭州西湖的生活情景。

[2]崇祯五年:1632年。崇祯是明末皇帝思宗朱由检的年号(1628—1644)。

[3]绝:断绝。

[4]更(gēng)定:古时计时,一夜五更,更定应该是一更天以后,即人脚已定之时,大概夜里21点与22点时,冬天此时,夜深人静,再加上天大雪,更是悄无人迹,寂静异常。

[5]拿(ná):执、持,有撑的意思。

[6]此句意为,穿着细毛皮衣,带着火炉。毳(cuì):细毛,俗称"寒毛"。毳衣:细毛皮衣。

[7]雾凇(sōng):水汽结成的冰花。沆砀(hàngdàng):水汽迷漫。

[8]长堤一痕:西湖的长堤在白茫茫夜色雪野中像一道划过的颜色较深的痕迹,形容长堤的朦胧模糊。

[9]芥:细草,往往用来形容事物之纤细微小。

[10]强(qiǎng)饮:勉强喝。白:古人罚酒之酒杯,这里代指普通酒杯。

[11]舟子:撑船的人。喃喃:像是自言自语地低声说话。

[12]相公:这个词原意是对宰相的称呼,后来称呼读书人、年轻人、丈夫等,这里是对读书人的敬称。痴:与一般人不同的特殊爱好。

导读

本文不足二百字,却趣味盎然地回味了一次特别的记忆。它告诉读者:特别的人就有迥异于世俗之人的特别的审美趣味。

时间过去那么久了,作者仍然记得那是"崇祯五年十二月",可见此事给作者所留印象特别深，日久难忘。正是不寻常的"大雪三日"，致使天地间纯洁寂静，惹动了作者雪夜遣兴西湖的一片兴致。夜深人静，天寒地冻，普通人家早早熄灯上床，有谁会突发奇想，一个人到湖心亭赏雪？然而，这正是作者"痴"异于人的地方，独特的审美境界正是在这些特别的人身上于特别的时间与特别的地方发生。作者继而描述了一个净洁无声、空阔寂寥的茫茫湖山雪野。以小舟如芥、人如微粒、湖心亭一点衬托了天地间的空阔净洁，视角宏伟，气象雄浑，写的是风景，见的是心境。正当作者甚感独赏独占此幽秘之境而心旷神怡之时，忽然却发现已有人"捷足先登"了，正是"莫道君行早，更有早行人"。人家正得意地席地畅饮，喝得正有兴致，突然发现了他的到来，便相邀共饮。作者应邀饮了三大杯。临别，作者惺惺相惜，亦不忘问问"英雄"来路，得知原来他们不是西湖人，而是南京人，更是让人吃惊和佩服。文章最后以舟子的喃喃自语作结，卒章显志，从侧面含蓄地表达了作者与客人之不同流俗。

吟诵提示

雪后的西湖，幽深静谧，清新淡雅。作者通过描绘深夜独自乘舟欣赏西湖奇景的一次经历，表现出对故国往事深挚的眷恋之情。吟诵时，总的感情基调悠闲自得、欣喜痴迷，节奏适当放慢；每一句的最后一字，平声长，仄声短，入声更短促。

本文分两段。第一段，写雪景。第一句"祯"字长吟，交代时间。"湖中"的"中"字长吟，说明"人鸟声"的范围。"是日，更定矣"的"定"字重读，强调西湖中人声、鸟声不闻，天地间一片肃杀。"余拿一小舟"的"余"字略停顿，表明"独自"前往。"独往湖心亭看雪"的"亭"字略停顿，强调看雪的地点。"天"字略停顿，引领以下的云、山、水。"惟长堤一痕、湖心亭一点与余舟一芥、舟中人两三粒而已"的"惟"字略停顿，"一痕""一点""一芥"及"两三粒"，极言其小，三个"一"及"粒"均是入声，要加重语气，衬托出点粒小景，与天地之间的辽阔雪白形成鲜明的对比。这一段的句尾字"月""日"

"绝""雪""白"均是入声,吟诵时均要短促,恰能吻合雪夜的冷寂。

第二段,写奇遇。"有两人"的"人"字长吟,表现作者惊喜的发现。"一童子"的"子"字略停顿,表明另外还有一人在烧酒。"湖中焉得更有此人"的"中"字略停顿,强调地点,"更"字加重语气,"人"字长吟,表现先来的人见后到的人感到同样惊喜。"余强饮三大白而别"的"余"字略停顿,仿佛在说"我"遇到同伴知音了,痛饮一番!最后舟子的话"莫说相公痴,更有痴似相公者"语气略重,两个"痴"字,一个"更"字,以舟子的口吻赞叹作者与对饮者醉心痴情于雪的情怀。

61　河中石兽

(清)纪昀

沧州[1]南,一寺临河干[2],山门圮于河[3],二石兽并沉焉。阅[4]十余岁,僧募金[5]重修,求二石兽于水中,竟不可得[6]。以为顺流下矣,棹[7]数小舟,曳铁钯[8],寻十余里,无迹。

一讲学家设帐寺中[9],闻之笑曰:"尔辈不能究物理[10],是非木柿[11],岂能为暴涨携之去[12]?乃石性坚重,沙性松浮,湮[13]于沙上,渐沉渐深耳。沿河求之,不亦颠[14]乎?"众服为确论[15]。

一老河兵[16]闻之,又笑曰:"凡河中失石[17],当求之于上流。盖石性坚重,沙性松浮,水不能冲石[18],其反激之力[19],必于石下迎水处啮沙为坎穴[20],渐激渐深,至石之半,石必倒掷[21]坎穴中。如是再啮,石又再转,再转不已,遂反溯流逆上矣。求之下流,固[22]颠;求之地中,不更颠乎?"

如其言,果得于数里外。然则天下之事,但知其一,不知其二者多矣,可据理臆断欤[23]?

作者介绍

纪昀(1724—1805),清代著名文学家、学者。字晓岚,直隶献县(今属河北)人。乾隆进士,官至礼部尚书、协办大学士。他学识渊博,曾以总纂修官主持编纂《四库全书》。著有《阅微草堂笔记》。该书是旧时非常流行且受到文人普遍重视的笔记小说。他反对蒲松龄小说的虚构想象,提倡古代笔记小说揆情度理、直录其事的质朴写法。

注释

[1] 沧州:今河北沧州。

[2] 河干(gān):黄河岸边。干,岸。

[3] 山门:庙门。圮(pǐ):倒塌。

[4] 阅:经历,过了。

[5] 募金:募集资金。

[6] 求:寻找。竟:最终。

[7] 棹(zhào):船桨,这里作动词,划船。

[8] 曳(yè)铁钯(pá):拖上打捞石兽的铁制工具。

[9] 讲学家:知识渊博的人。设帐:讲学。

[10] 尔辈:你们。究:探求。物理:事物的自然道理。

[11] 是:这。木柿(fèi):木片。

[12] 此句意为,怎么能被暴涨的河水裹挟走呢?

[13] 湮(yān):埋没。

[14] 颠:古同"癫",精神错乱,这里意为言论错误。

[15] 众服为确论:众人认为他说的是正确的。

[16] 河兵:黄河上的水兵。

[17] 失石:丢失的石头。

[18] 冲石:把石头冲走。

[19] 其:石头。反激:反向击水的力量。

[20] 啮(niè):咬,这里是冲刷之意。坎穴:水流冲击石头,沙子被带走,在石头迎水的下方形成的洼坑。

[21] 掷：倒。

[22] 固：本来。

[23] 据理臆(yì)断：仅仅根据所谓一定之理就随意做出判断。欤(yú)：语气词，表示疑问。

导读

文章探讨了研究物理不但要知其一，更要知其二，要全面了解事物的道理，只有对事物之理的全面认识才是正确的认识。文章写得甚为严谨、有条理，曲折深入，引人入胜。首先交代起因，寺庙山门崩塌，石兽沉河多年，引出寻找石兽的话题。

僧人先从常识出发，认为是被水冲到下游去了，往下游寻找。无果，说明见解不合事实。

见识广博的学究似乎更高明一些，认为石兽重，水冲不动，随着沙子的松动，沉于原地的深沙中。众人挖之不见。可见此见解也与事实不符。

最后推出经验丰富的老河兵的看法——向上游寻找。老河兵以自己丰富的水上经验，指点众人向上游找到了石兽。文章水到渠成，自然得出结论：研究事物不但要知其一，更要知其二，要全面，说明了非全面不足以做出正确判断的道理。

文章层次分明，语言简洁明了，行文一波三折，逐渐深入到物理深处，既有知识性，又有趣味性，引人探究。

吟诵提示

这是一篇妙趣横生、富有物理和哲理意义的短文。河中石兽在哪里？作者记述了僧人、讲学家、老河兵对河中石兽去向的判断过程及寻找结果。吟诵的感情基调轻松舒缓，略带调侃又不失严肃。本文大多为短句，每句的最后一字，平声长，仄声短，入声更短促。

全文共四段。第一段写僧人的判断及寻找无果。前四句的末字"南""干""河""焉"均为平声,要长吟,声音适中,点明地点和缘由。"僧"字略停顿,强调是谁在寻找石兽。"以为顺流"的"流"字长吟,仿佛在提醒"顺流"的判断是错误的。"迹"是入声,开口即收,有叫停的意味,不要这样找了。

第二段写讲学家的判断。第一句"家"字长吟,强调判断者是谁;"中"字长吟,意在点明讲学家讲学的地点。以下讲学家的一段话,吟诵时略带调侃的语气,"尔辈不能"的"能"字,声音略加重,长吟,表达出"你们不能,但我能"的意思;"岂能为"的"为"字,吟半拍,意在否定后面的"暴涨携之去"。"耳"字加重语气,表现讲学家的自信。"沿河求之"的"之"字长吟,点明僧人寻找的错误方向。"颠"字重读,"乎"字长吟,表现否定之中又带有感叹的口吻。"众服为确论"的"众"字略停顿,有人云亦云的讽喻意味。

第三段写老河兵的判断。第一句"兵"字长吟,也是强调判断者是谁。以下富有实践经验的老河兵的一段话,吟诵时,语气调侃,又带几分嘲笑。"当求之于上流"的"上"字重读。"盖"字略停顿,凸显老河兵的科学结论,表现出老河兵的自信并指明石兽所在的方向。"必于石下迎水处啮沙为坎穴"的"处"停顿,这是老河兵推理的重点所在。"渐激渐深"的"深"字长吟,表达"渐渐地"之意。"石必倒掷坎穴中"的"掷"字略停顿,"中"字长吟,强调位置。"如是再啮,石又再转,再转不已"这三句语速略快,仿佛在说"石兽就在前面不远了"。"遂反溯流逆上矣"的"流"字停顿;"矣"字长吟,再次强调石兽所在的位置。"不更颠乎"的"更"字重读;"乎"字长吟且声音略高,高过上一个"乎"字,意在否定僧人和讲学家的一误再误的判断。

第四段写寻找结果,验证老河兵的真理。这一段的语调要严肃,语气略加重,"如其言"的"言"字长吟,"果得于"的"于"字略停顿,强调正确的判断。"但知其一,不知其二者多矣"的"者"字略停顿,"矣"字长吟,表现作者的感叹。最后一字"欤"长吟,给听众留下思考的空间,所要表达的意思,可以总结为一句话,"实践出真知"。

后 记

在《中级吟诵61篇》即将付梓之际,我们还有几点要向读者说明。

一、本书是南开大学国家社科基金重大项目"中华吟诵的抢救、整理与研究"(理论研究部分)阶段性研究成果。

二、负责本书文字稿写作的是:

华　锋:河南大学教授、河南省吟诵学会会长。

曾令中:诗人书画家、河南省吟诵学会副会长、中国文学艺术研究院研究员。

鲁庆中:郑州航空工业管理学院教授、文学博士、河南省吟诵学会理事。

耿纪平:河南大学副教授、文学博士、河南省吟诵学会理事。

杨　娜:开封市文化艺术职业学院教师、文学硕士、河南省吟诵学会理事。

张　宁:文学硕士、河南省吟诵学会理事。

杜红亮:郑州轻工业学院外国语学院教授、河南省吟诵学会副秘书长。

刘振卫:郑州轻工业学院外国语学院教师、河南省吟诵学会理事。

三、负责本书诗词吟诵的是：

　　王文金：河南大学教授、河南省吟诵学会名誉会长。

　　华　锋：河南大学教授、河南省吟诵学会会长。

　　曾令中：诗人书画家、河南省吟诵学会副会长、中国文学艺术研究院研究员。

　　杨　辉：河南省吟诵学会会员。

　　李　宁：中国语文现代化学会吟诵分会理事、山东省莱州市东莱国学学校校长。

　　姬　群：河南大学艺术学院教授、河南省吟诵学会理事。

　　杨　娜：开封市文化艺术职业学院教师、文学硕士、河南省吟诵学会理事。

　　张宗伟：河南大学艺术学院副教授、河南省吟诵学会理事。

　　冯安君：河南大学艺术学院副教授、河南省吟诵学会会员。

　　段景苏：开封市一师附小教师、河南省吟诵学会会员。

　　黄冬冬：河南省吟诵学会会员。

　　张　宁：文学硕士、河南省吟诵学会理事。

四、本书诗词的吟诵大多采用华调，部分古诗采用了叶嘉莹先生的叶调，特此说明。

五、本书从策划到编辑出版都得到大象出版社王刘纯先生的帮助和指导，在此深表感谢！同时，感谢所有关心、支持本书出版的各界朋友！

六、吟诵在传统社会中本来不是什么学问，但至现代，几近中绝。重新挖掘整理，需要经验的积累，这正是我们所要做的。本书如有错误、不当处，诚愿方家批评教正。

编者
2015 年 5 月